本书是山东省委党校（山东行政学院）2021年创新支
动力转换：从战略到政策"（CX176）的结项成果。

本书系作者攻读中央党校（国家行政学院）博士学位期间研究成果。

区域经济发展动力转换：
从战略到政策

窦玉鹏　著

吉林大学 出版社

·长春·

图书在版编目（CIP）数据

区域经济发展动力转换：从战略到政策 / 窦玉鹏著.—
长春：吉林大学出版社，2021.10
ISBN 978-7-5692-8959-6

Ⅰ．①区…　Ⅱ．①窦…　Ⅲ．①区域经济发展－研究－
中国　Ⅳ．①F127

中国版本图书馆 CIP 数据核字（2021）第 198775 号

书　　名：区域经济发展动力转换：从战略到政策
　　　　　QUYU JINGJI FAZHAN DONGLI ZHUANHUAN：CONG ZHANLÜE DAO ZHENGCE

作　　者：窦玉鹏　著
策划编辑：邵宇彤
责任编辑：李潇潇
责任校对：王寒冰
装帧设计：优盛文化
出版发行：吉林大学出版社
社　　址：长春市人民大街 4059 号
邮政编码：130021
发行电话：0431-89580028/29/21
网　　址：http://www.jlup.com.cn
电子邮箱：jdcbs@jlu.edu.cn
印　　刷：定州启航印刷有限公司
成品尺寸：170mm×240mm　　16 开
印　　张：11
字　　数：155 千字
版　　次：2021 年 10 月第 1 版
印　　次：2021 年 10 月第 1 次
书　　号：ISBN 978-7-5692-8959-6
定　　价：58.00 元

"区域经济发展动力转换"是指在确保区域经济、社会原有生态系统健康、可持续的基础上，以区域经济发展长远战略目标整体优化为出发点对区域经济发展动力进行的转换。区域经济发展动力转换问题是近年来发展经济学的主要议题之一。从广东省的"腾笼换鸟"战略到山东省"新旧动能转换战略"，如何培育新动能并实现传统动能的转换，一直是发展经济学研究的焦点问题。对这一问题的聚焦，使区域经济发展动力转换研究相关著作日益增多。正是在这样的背景下，笔者在攻读博士学位初期开始关注区域经济发展动力转换问题，并结合所就读公共政策专业，形成了聚焦区域经济发展动力转换中战略确定与政策工具运用的研究的兴趣。本书正是这一研究兴趣驱动的初步成果。

2011 年以来，区域经济发展原有动力受宏观经济整体下行、逆全球化、公共投资增长率和公共投资回报率双降、适龄劳动力减少和人口快速老龄化等多重不利因素影响，原有区域经济发展动力面临诸多困境：原有区域经济发展动力不足以支撑经济发展的规模与速度；在风险、生态、科技等多重约束下原有区域经济发展动力部分失灵；经济社会发展联动下社会治理对公共资源的需求考验区域经济发展动力支撑的稳健性。

区域经济发展动力转换已有大量研究涌现，但综合当前理论研究发现，已有的区域经济发展动力转换的研究更多的是从经济学视角的投资、制度与技术创新、产业集群等驱动因素的定量与定性分析角度进行较宏观、抽象的理论探讨，但对区域经济发展动力转换中从战略到政策展开的实现路径缺乏相关的系统研究。实际上，通过理论综述与实践经验总结发现，区域经济发展动力转换主要依靠创新驱动、产业升级、区域协同等发展方向来实现已经成为实践与理论的共识，而不同区域动力转换效率的差异主要取决于资源禀赋差异（包含制度资源等）、从战略到政策展开中政策工具效能差异。所以，如何实现区域经济发展动力转换从战略到政策的展开是本书聚焦的主要问题。对这一问题的研究将着重从以下三个方面展开：①区域经济发展动力转换从战略到政策的展开是什么？②区域经济发展动力转换的战略方向有哪些？③区域经济发展动力转换从战略到政策的展开如何嵌入政策工具？全书对区域经济发展动力转换问题的论述围绕这三个问题展开，希望能在这些问题上做出一些理论边界的可能性拓展。

本书隐含这样一种假定，区域经济发展动力转换实际上是通过从战略到政策展开的嵌入来实现区域经济发展动力所依赖生产要素的制度结构、技术特征、资源配置、激励结构的改善。从这种隐含假定推论，区域经济发展动力转换应该被视作一种特殊类型的经济变迁状态。这种变迁状态的特点在于：①要素结构在一定时期处于变动状态（即新技术、新业态、新模式、新产业的出现与发展过程）；②如果把要素结构改善作为区域经济发展的来源，那么区域经济发展动力转换从战略到政策的嵌入就是对区域经济发展动力转换场域内多元主体投身要素结构改善进行激励；③要素结构改善的实质是生产要素增减或改变的结果。在差异化的区域经济发展场域，生产要素的增减或改变需要在产业集群、创新驱动、区域协调战略方向下，以政策试点进行探索，以目标治理进行推动，以项目制改善激励结构。

区域经济发展动力转换作为一种局部区域的经济变革，是一种渐进的系统工程。"渐进"意味着基于渐进主义路径示范区域经济发展动力转换绩效进而形成转换动力是有效路径。这种路径的意义在于赋予区域经济发展动力转换实现的明确方向、有序空间和规范逻辑等秩序资源，以整合转换中的方向分散、利益失衡，保证区域经济发展动力转换的持续。"系统"意味着区域经济发展动力转换是一种主体多元、战略细节多元、政策工具多元的建构。即以"有为政府"与"有效市场"的结合，以产业集群、创新驱动、区域协调为战略集合，以政策试点、目标治理、项目制作为政策工具箱。区域经济发展动力转换的渐进系统工程的目的在于改善区域激励结构以激励区域经济动力转换主体进行新生产要素的供给与扩散，从而改善区域要素结构实现动力转换（如图0-1）。

图 0-1　研究体系图

《区域经济发展动力转换：从战略到政策的展开》一书正是以上诸多思考的结晶，也希望能对实践产生一些有意义的借鉴。寒来暑往，从《新旧动能转换指标体系构建》课题研究起点算起，本书从计划写作到最终完稿用时近三年时间。这期间的不断思考、修改极大地丰富了笔者对这一问题的认识，同时也使笔者渐渐悟出为什么"板凳要坐十年冷，文章不写半句空"，只有投入大量的时间与精力进行反复思考才能对某一问题的理论可能性边界有所拓展。

本书在写作过程中得到了诸多师友、编辑的帮助，特别是《山东行政学院学报》《山东工商学院学报》编辑的帮助（本书的部分成果已发表于这些期刊）。从研究立意到付梓印刷历时三年，中间诸事缠身，能最终完稿实属不易。此外，对心路历程便不再一一叙述了，只在序中留一个标记，作为多年以后回忆的一个楔子吧。

窦玉鹏

2021 年初夏于济南

Content
目录

第一章　总　论

林德布洛姆认为："在经济生活中，理性的社会行动、计划、改革，总之解决问题的可能性并不取决于我们选择什么神奇和宏伟的方案，而主要取决于我们选择什么样的社会技术。"① "生产力在现代化进程中的指数式增长，使风险和潜在自我威胁的释放达到了前所未有的程度"② 的"风险社会"的到来，使经济社会发展呈现联动效应增强、消费社会与老龄社会的交织到来、风险防范与效率追求的多重目标约束特征。当今，全球范围内正进行着一场关于如何处理原有经济发展动力"失灵"的深刻反思。问题需要与理论热情催生了对公共管理部门自身架构及所应用政策工具的改革诉求。因此，肇始于欧美国家，其后席卷全球的公共管理部门科层层级链条优化、公共管理行为范围与规模调整、嵌入创新性政策工具及改进原有政策工具以适应深刻转变的经济社会形势便是对这种改革诉求的回应。

正如林德布洛姆强调的解决问题的社会技术的重要性一样，区域经济发展动力转换的战略方向、方式手段和政策工具在处理原有经济发展动力"失灵"问题上能够发挥更为重要的作用。在区域经济发展动力转换中，每一项政策工具都有其独特的操作程序、不同的技能运用场景和依场景进行的灵活调适机制，即对政策工具的选择与应用要根据政策工具所包含的独特政治经济原理对应用场景进行调适，使政策工具将自身的特征嵌入应用场景的待解问题中。

① 乌尔里希·贝克著.风险社会：新的现代性之路 [M].张文杰，何博闻，译.南京：译林出版社，2018：3.（贝克在书中引用的林德布罗姆的话）
② Robert A. Dahl and Charles E. Lindblom, Politics, Economics, and Welfare: Planning and Politico-Economic Systems Resolved into Basic Social Processes (New York: Harper and Row, 1953),6, 16.

一、区域经济动力转换中战略与政策工具优化的必要性

在长期的经济发展中，区域经济发展的实践与理论的互动驱动区域经济动力转换战略与工具的衍生优化，使得区域经济动力转化能够根据区域经济发展问题、区域经济发展阶段适配相应的战略及政策工具。同时也应看到，区域经济发展战略、政策工具的优化整合吸纳多个市场主体参与到区域经济发展动力转换中，使得区域经济转换的目标任务趋于复杂，对战略及政策设计者的宏观战略制定能力与掌握不同经济发展政策工具的能力提出了更高的要求。区域经济发展动力转换的政策制定者面临以下三重挑战。

（1）政策工具的独特机制、政治经济原理、场景的适用范围都考验着政策工具使用者的决策能力、对政策工具运用的娴熟程度。20世纪70年代以来的有关执行力研究的重要结论之一就是失败的公共项目很大程度上缘于项目本身复杂的结构导致的政策工具选用与公共项目结构匹配的失衡。

（2）科层体系的组织层级化设定使区域经济动力转换伴随任务目标分解进行责任分解，这种责任分解自然会激发具体政策执行者在区域经济发展转换动力的具体转换及如何行动上趋于规避责任的内在思考。

（3）经济动力转换在政策设计及执行的过程中采用复杂的网络结构形式，增加了政策过程的不透明及神秘化，使公众缺少方法与途径去理解这些行动，从而形成了经济动力转换战略与政策执行的阻碍。

因此，需要以新的理念去解决区域经济发展动力转换中的从战略到政策的优化匹配问题。这种优化匹配有两个特征。

（1）以问题、目标为导向的战略与政策优化匹配强调以可预见未来区域经济发展动力转换需要解决的核心命题为中心，重视发挥多元主体的积极性以协同解决区域经济发展动力转换问题。经济社会的相互嵌入性日趋增强、风险防范与效率追求多重目标的约束、经济发展动力转换战略导向

与政策选择匹配难度递增等现状使得经济管理部门无法独自解决区域经济动力转换中出现的问题，因此要在实现区域经济发展动力转换合理目标、维护区域经济动力转换管理者权威的基础上运用适当的政策工具引导多元主体参与区域经济动力转换。

（2）战略导向与政策选择匹配嵌入区域经济发展动力转换是在对区域经济发展动力转换场景充分分析的基础上进行的匹配设计，其目的是实现由激励机制到内生机制的转换。区域经济发展动力转换的战略导向与政策选择并不是全新的，而是以一种具有与政策应用场景、待解政策问题、已有政策选择相适应的方式进行，即承认区域经济发展动力转换中出现的挑战和机遇，融汇已有的转换实践与不断推陈出新地转换新元素，以"增量引导、存量变革"的渐进式思维更好地关注区域经济发展动力转换中的现实问题，以战略导向与政策选择设计诠释转换实践动态。

二、区域经济发展动力转换的新架构设计

区域经济发展动力转换"从战略到政策"的架构设计，是一种融汇动力转换现实问题、区域经济发展历程、战略与政策适用性的新范式。这种架构设计包括从主体的被动管理到政策工具的主动设计、从科层治理的单主体管制到网络治理的多元参与、从并行分化到合作治理、从政策工具有限到政策工具库丰富。

（一）从主体的被动管理到政策工具的主动设计

区域经济发展动力转换新架构设计的核心是将区域经济发展动力转换的政策设计的视域范围从政策制定与执行主体及单个经济发展项目转变为实现区域经济发展动力转换从战略到政策展开的设计与执行。得益于实践与理论的发展，可用于经济发展的政策工具在数量和功能上也迅速发展起来，有的政策工具如政策试点、目标治理、项目制等改变了原有解决区域经济发展问题的思路模式，且已经在理论和实践上得到了一定的认可，但却缺乏相应应用机制层面的深入理论探讨。理论层面对于区域经济发展动

力转换的探讨集中于两种视角：一是经典的经济学视角，即探讨何种生产要素或结构的改变能够实现区域经济发展效率的提升；二是经典的公共行政学视角，其核心关注点在于如何通过提升政府机构的运作效率来实现经济宏观管理效能的提升。这种理论关注生成于对20世纪以来的诸多伟大经济发展项目失败原因的探讨上，他们认为有些项目会失败不是因为经典理论有误，而是因为政策制定者或执行者在应用经典理论时并没有满足经典理论的适用条件。项目因管理方的科层制盛行而导致项目内部的任务分解，而过于精细化的任务分解使得项目每一层级的实施者都看不清项目的全貌，进而得到自相矛盾的指导，而且每一执行者的"螺丝钉"定位设计都使得其行动权限不足，其管理任务导致无法获得相应的资源配置。

解决上述问题的有效方法是将政策执行单位以虚拟项目制的形式单独设立，其优点在于项目目标明确，并且以项目管理的形式实现了以问题为导向、以目标达成为促进、以物化量化成果为激励的任务分解。虚拟项目制的优点在于：一是能够涵盖项目类型的系统差异，连接不同项目中所使工具的个性化特征；二是项目制所具有的工具化思维决定了参与项目实施的参与主体，同时在项目组建之初就对参与者的功能进行了划分；三是将环境—行为—结果管理显性化、流程化、分解化。在环境因素以外，项目结果主要受项目参与者的理念、经验、技能的影响，因为项目制中政策工具的选择决定了参与者，从而能够通过项目制政策工具的选择实现对项目结果的部分管理。

（二）从科层制参与方式向网络制参与方式转变

区域经济发展动力转换的新架构设计实现了对政策工具由被动管理转换到主动设计的同时，还力图以利益连接的方式实现由传统的科层制参与方式到网络制参与方式的转变。其典型特征即区域发展动力转换中经济宏观管理部门发挥作用的间接性，在宏观经济管理部门和市场、企业等第三方之间建立利益连接、调控、引导关系，从而使政府宏观经济管理部门能够引导更大范围内的网络结构参与者的有力参与。

区域经济发展动力转换的新架构设计的重点由内及外实现从关注公共行政到关注依托社会网络实现治理的转向。其理论基础由科层制理论转变为委托代理理论和网络理论。众所周知，新治理是运用合同关系将市场体系吸纳进入公共管理体系，公共管理部门与市场提供方分别作为委托方、受托方。委托方通过控制项目报酬的方式对受托方施加影响。但实际上由于受托方在项目上所具有的专业优势、信息优势、自由裁量权使得导致项目双方在信息上不对称，极易产生道德风险。从理论上讲，信息的获取具有时间与资金的双重成本，因此委托方必须在控制和花费中寻找平衡，这种平衡的难度与受委托方和代理方目标、特性分歧的大小呈正相关关系。

网络理论建立在网络参与者的竞争基础上，在一定程度上减小了委托代理理论的信息不对称及道德风险。但是由于网络参与者的多元性使得其所依赖的网络必须具有连接网络、管理网络冲突的高超技巧，而具备这种高超技巧所需面对的困难主要来自以下几方面。

（1）社会网络成员的多元性使其彼此缺乏合作的磨合与相关的参照经验。

（2）网络参与者的利益分化与利益参照体系的不同导致处理网络关系的视角和动机的差异。

（3）网络参与者在网络中重要性的不对等导致相互依赖性的差异，使目标、需要不能完全匹配从而增加了合作的难度。

（4）政策工具应用所依托的项目网络中参与者的目标、动机和对需要的排序随时间的动态变动使得确保行动一致性成为管理难题。

区域经济发展动力转换的架构设计理论随着实践的日益成熟、工具选择与实践匹配思路、政策工具的增加为区域经济发展动力转换的架构设计增添了新的元素，为如何识别、实现具体区域经济发展动力转换提出了更具有指导意义的框架。区域经济发展动力转换的政策工具随着实践日渐成长为程式化的建构，程式化建构包括政策工具的适用环境、特征、参与者、机制。从这个意义上讲，政策工具的选择决定项目中的核心参与者及其角色。

区域经济发展动力转换的架构设计强调"有效市场""有为政府"的定位设计。所谓"有效市场"就是所嵌入的市场制度激励机制能够激发与释放网络参与者的利益追求与主观能动性，通过网络、流程链条、利益设计实现政策工具依托网络参与者实现合作治理。区域经济发展动力转换的架构设计将"有效市场"主体的合作视为由不同公共部门、市场主体协同解决公共问题的机制，但并非是对"有为政府"宏观指导实践角色的偏离。"有为政府"强调区域经济发展动力转换架构设计中的公共部门管理者发挥宏观管理角色作用，校正市场过分强调利益导向而导致的公共利益损失、市场失灵现象。这种公共部门与市场主体通过合作提供区域经济发展动力转换的公共产品的方式源于政府具有调动网络参与者发展所需资源的能力，而市场主体等网络参与者往往在公共部门初涉的新技术、新产业等领域已有活跃的发展。若将二者最擅长之处结合起来，公共部门提供资源基础与方向校正，网络参与者提供新领域的创新能力与灵感，两者的有机结合将成为区域经济发展动力转换的架构设计的优势。

（三）区域经济发展动力转换架构设计的实现机制

1.由科层管理转变为政策营销、利益引导

区域经济发展动力转换的架构设计强调经济管理部门"有为政府"角色的必要性，因此在架构设计中依赖网络型合作治理的普遍适用。无论是在实践还是理论层面都已认识到依靠科层制的管理方法正在限制其有效性，这是由于网络型合作治理是建立在政策工具所选择的社会网络的广泛相互依赖上的，而依靠科层制的管理手段实现由上到下的管理将导致相互依赖关系的流失。因此，如何通过协商说服、利益引导以维持原有网络关系的相互依赖性成为区域经济动力转换政策工具选用需要考虑的问题。经济管理部门的管理者作为政策工具依托网络的选择者，应该设计与目标传导链适配的利益激励机制，实现网络参与者目标与政策工具选用目标的契合。而协商说服的必要性在于政策工具依托网络的组成机制是基于市场主体在对利益的追求过程中自主形成的产业链条或集群，也可以说是市场

使网络得以形成并发展起来。虽然经济管理部门的政策工具选择决定网络的参与者及特性，但是还应该看到网络的存在是先于政策工具选用该网络的。因此，政策工具的目标对所选用的特定网络是一种外部嵌入，需要将目标通过政策营销的方式嵌入政策工具所涉及的网络。特别是网络中的特定主体是在政策工具运用过程中才加入的，就更加需要采用协商说服的方式使新加入者接受特定的目标。

2.区域经济发展动力转换优化由外在驱动向内在驱动转变的制度设计

前文已经述及，区域经济发展动力转换的实现要依托社会网络凝聚。包括经济管理部门、市场主体等多元主体的参与。多元主体参与区域经济发展的动力转换，一方面为解决动力转换中的诸多问题提供了社会网络，另一方面也为社会网络的发展提供了成长机会。但是这种机会对多元主体来说会受其利益衡量价值体系的影响，外在的收益也许不足以驱动其抓住这样的机会。因此，区域经济发展动力转换优化由外在驱动向内在驱动转变的制度设计，要求经济管理部门要在充分发挥市场机制作用的基础上采用利益驱动、社会地位提升等手段动员潜在多元主体进入区域经济发展动力转换网络。比如在区域经济发展的基础设施建设中经常采用的PPP模式，经济管理部门有必要在制度设计上借鉴期权锁定、合同管理、项目打包等制度设计以激发多元主体参与区域经济发展动力转换，同时也可以推动组织更多的市场主体参与区域经济发展动力转换网络，比如说服银行、基金、融资租赁等提供支持。另外，理论研究表明社会网络中所具有的社会资本与网络中的连接点成正相关指数关系，即连接点越多，网络所具有的社会资本就越多。因此，在平时要注重这种网络的维护与储备，通过其他项目为载体连接更多的市场主体、社群团体以建立社会网络储备库，并通过主动采取行动培养与激发社会网络中区域经济转换的责任感。

3.区域经济发展动力转换对经济管理部门创新驱动、合作治理、产业集群的协调角色设定

从地理经济学角度看，区域经济可以细分为更多小的区域经济体，这

些细分的区域经济体在经济发展上既有联合也有竞争，协调区域经济发展平衡从而实现合作治理是区域经济管理部门协调角色设定的应有之义。从产业结构角度看，传统宏观经济调控方式由于缺乏协调，易导致产业扎堆撞车，这种产业的重复建设倒逼区域经济发展对协调的重视。传统区域经济宏观调控更加侧重于计划、指导的实施而忽视协调，就好比要求交响乐指挥对交响乐团的每一位成员的演奏进行精准调控，这不仅在经济上不具有成本优势，而且需要强大的信息处理能力。而区域经济发展动力转换中协调角色的设定更加强调使区域经济网络得以有机维持的赋权而非直接行动者，即通过信息传递协调区域经济发展动力转换的节奏，通过适当的赋权调动网络内主体的主动性。正如交响乐团的指挥需要相当高的艺术造诣一样，协调角色也需要具备关于网络运用的知识与眼界，以及能够调动网络主动性的权威。

4. 以利益链接实现社会网络可持续，以规训调整实现秩序供给

区域经济发展动力转换所依赖的社会网络包含经济管理部门、市场主体、生产型服务机构等独立的参与者，要使其在社会网络中发挥作用需要以下三个条件。

（1）以利益链接实现社会网络可持续。按照组织行为学的解释，需求产生动机进而影响行为。作为社会网络中相互独立的参与者，所有参与者都追求生存与利益的实现，因此要将区域经济发展动力转换的目标与参与者的目标挂钩，通过巧妙的激励调整使网络参与者在复杂的网络中协调合作，推动区域经济发展动力转换。

（2）以规训调整实现秩序供给。区域经济发展动力转换所依托的社会网络的维持需要规训调整，要建立社会网络的"相马不如赛马"的淘汰机制以维持社会网络的生态平衡。但是也要注意在秩序供给的过程中不能滥用权威，这是因为与传统的科层制由上而下的命令—服从不同的是，社会网络构建的基础在于社会网络参与主体的自愿。

（3）以组织学习总结利益链接与规训调整经验。奖惩即利益链接与规

训调整，这是区域经济发展动力转换所依托的社会网络的建构机制。而将两者有机结合的是组织学习，即随着利益链接与规训调整，在具体的政策工具中的应用增多，经济管理部门需要专门组织对大量政策工具的激励机制经验进行总结。这种总结其实是对政策工具具体环节自由裁量权的细化与运用艺术的总结学习。

三、区域经济发展动力转换新架构中的战略与政策特点

区域经济发展动力转换新架构设计实现了自身工具架构设计与实施主体流程再造的双重转变。区域经济发展动力转换的关注核心由以往关注经济管理部门公共行政事务，比如自身的机构改革、职责调整等，转换到解决区域经济发展动力转换的问题解决框架上，并注重形成与区域经济发展动力转换战略、政策相匹配的独特政策工具设计。这一转变最大的特点是嵌入区域经济发展动力转换的政策工具设计既匹配战略又在嵌入的过程中考虑被嵌入对象的原有制度资源效应，并预先设定网络参与者在区域经济发展动力转换中的角色，实现科层制命令指挥链条向网络治理的赋权激励转变。这种以增加政策工具的复杂度与熟练度的政策要求扩大政策工具箱中可供选择的政策工具及组合，对从战略到政策转换执行的操作者的知识经验提出了更高的要求，使提炼总结区域经济发展动力转换新架构中的战略与政策如何匹配、政策工具特点成为理论与实践的必须。

（一）战略与政策匹配的系统化知识体系

区域经济发展动力转换中的战略与政策的匹配、政策工具的应用作为实现特定战略目标的手段，其有效运用需要构建系统科学的知识体系。这种知识体系包括帮助网络参与者构建以界定问题、解决问题为导向的知识供给的价值旨归；采用何种理念界定战略环境从而实现从战略到政策的展开；在区域经济发展动力转换战略层面下的政策工具特征及所依赖的复杂社会网络如何服务战略的实施；不同政策工具的显著特征是什么及哪些因素决定了政策工具的选择。这种知识体系框架虽然在区域经济发展动力转

换的理论与实践中已有诸多探索，但大都较为零散，因此，需要将战略制定开端作为知识系统化建构的源头，进而对从战略到政策的展开进行更系统化的详尽探索。

（二）使战略匹配的政策工具特征可辨识、易管理

政策工具要实现与战略实施、问题界定的匹配，首先需要明确政策工具自身的特征，使其能够明确可辨识，即能够结构化、框架化为具有明确问题解决指向的工具。这种可辨识要求的结构化、框架化在层次上包含分类与定义、制度化固定两个方面。

（1）政策工具结构化、框架化可辨识分类主要依据特定政策工具区别于其他政策工具的独特特征，而定义主要是能简明扼要地揭示政策工具的机制，这种定义在政策工具知识体系构建中以服务政策工具在实践中的应用为目的的描述性层次最为合适。通俗来讲，就是分类与定义要在讲清楚政策工具之间的共性的基础上更强调政策工具的独特个性标志。比如PPP政策工具的特征就在于政府与社会资本的合作。

（2）系统化知识体系要求的政策工具建构行动意味着将其制度化固定，即将政策工具所依赖的社会网络中的角色、责权利、实施的关键阶段的反馈以制度化形式予以固定。对政策工具机制进行制度化固定的目的在于减少政策工具实施过程中产生的利益协调冲突，达成政策工具依托社会网络内的集体行动。

让与战略匹配的政策工具在系统化知识体系框架中达到易管理的目的是政策工具可以推广至多场域应用的关键。通过实践分析可以发现，在区域经济发展动力转换中从战略到政策的展开是一系列为实现转换目标而采用的多类别政策工具集合。这种多类别的政策工具集合是战略实施主体根据战略环境进行主动设计与实施过程中渐进调整结合的产物：主动设计是对战略环境预判后依据政策工具特征对政策工具进行的选择；实施过程中的渐进调整是对实施过程中政策工具对政策目的的调适；调适是对原有政策工具内部因素的量的调整或引入其他政策工具的合适元素。由此可见，

政策工具在战略匹配或政策实施的过程中会对原有系统化知识体系中的工具定义与分类有所突破。这种突破一方面是由于总结政策工具的理论提炼过程其实是一种简单化的处理过程，会忽略被提炼总结的政策工具的一些特征而放大另一些特征；另一方面政策工具的内涵属性、运行机制、工具特征等较复杂，包含政策参与主体、政策应用载体、链接政策内部元素的信息传送媒介、定义政策内部参与者的制度规则。因此，理论对政策工具的建构可以依据其内部的不同元素选用不同的分类标准，当然分类的差别也会因选用因素的不同而有所不同。不同的分类方法所划分的不同类别的政策工具一方面显示出政策分类的复杂程度，另一方面也显示出政策工具所具有的内部多维性。多种分类方法、多种视角的加入、多种维度的解构其实是理论对政策工具的细分，这种细分分得越细微越有利于构建关于从战略到政策展开的政策工具库知识体系。

政策工具几乎很少以单独的形式出现，相反，它们是以集群的形式出现在具体的项目中，即很多对政策待解问题的政策输出都综合了不止一种工具，而且各个工具又针对具体项目进行了衔接方法因地制宜的设计。除此之外，政策工具的特殊表征是其进行分类的主要依据，这种特殊表征会随情境产生特征的放大、缩小与模糊而影响对其进行的辨识。因此，在构建政策工具库的过程中可以分两步对工具进行分类：首先找准政策工具突出的描述性特征以区分不同的政策工具；其次定义标准，将多种标准明确出来，从而以此标准对工具进行分类分析。同理，在从政策工具库中选用政策工具时，可以将上述两步反置，即首先考虑哪些特征是我们选择的标准，其次考虑哪些工具维度会影响这些结果。

（三）以效率、效果、公平标准评价从战略到政策的展开

理论界对政策评估已经形成"没有衡量就没有管理"的共识，因此，区域经济发展动力转换从战略到政策展开要进行全过程的效率、效果、公平维度的评估反馈。

（1）效果的评价是判断区域经济发展动力转换中的政策工具、转换有效性的评价，其可用来衡量关键节点实施效果达成预期目标的程度，这一指标在评判因素选择上并不考虑转换成本、政策成本，只考虑转换、政策实施的成功与否。效果的评价主要是以成功实现目标为导向，目的是通过评价对政策工具进行调整。因为政策工具的选择是效果、效率、公平性等多重目标约束下的最优解，因此要对政策工具的有效性的情景限制、政策工具的内在属性等做客观评估，并在选择政策工具的时候将其作为匹配特定环境的依据。效果的评价对事前选择政策工具将起到预估和初筛作用，即因为区域经济发展动力转换从战略到政策展开是多个主体、多种政策的混合实施场域，因此管理的难易程度、涉及知识的复杂性将随主体和政策工具的增加而大幅度增加，所选择的政策工具理论上的预设效果只是理想状态，实际状态将与之有较大差异。

（2）效率的评价是在效果之外进行的第二种评价。政策工具的效率分为两个评价维度：时间维度的效率与成本维度的效率。从时间维度的效率来看，由于区域经济发展动力转换中的一项重要功能在于区域经济转换的局部风险管理，因此就需要有短时间内能够奏效的政策工具以处理突发经济事件，这种政策工具往往是直接的且具有强有力的公共资源输入能力。比如因新冠疫情等外部不可控因素导致的地区性担保链条断裂引发的区域内企业资金链断裂问题，就需要采用高效政策工具防止危机进一步蔓延。从成本维度的效率看，政策选用的效率评价其实是效果与效率的动态均衡，因为政策工具成本方面的效率与效果往往不是协调一致，高效的政策工具未必同样有效。另外，区域经济发展动力转换的新架构设计与以往不同的是其主要依托社会网络进行，因此，从成本角度进行的效率评价应该将社会网络参与主体的成本合并计算在内，这将改变以往单独从经济管理部门成本考量所得出的政策工具的排位。最后由于维持社会网络也需要调整技巧、奖惩激励机制及自由裁量权的调控等的投入，这些都增加了政策工具应用的成本。

（3）公平性的评价使任何一种政策工具的实施背后都隐藏着利益的分

配。在区域经济发展动力转换中之所以要注意对公平性的评价，首先是因为新的架构设计是依托社会网络所实现的，而社会网络中的每一个参与者作为社会网络内的一个节点其实是一定社会利益的凝聚，政策设计的公平与否将直接影响政策的实施效果；其次，区域经济动力转换中从战略到政策的展开的绩效与公平性是经济管理部门维持和提升合法性的重要来源。在区域经济发展动力转换中的政策设计客体的选择、利益的指向、效果的公平性预期都将影响区域经济发展动力转换中公众对公共行为合法性的认知，进而成为阻碍或推动区域经济发展动力转换的因素。

（四）以项目制启动、校正动力转换

区域经济发展动力转换机制的启动及在运行过程中所产生的运行偏差、经济管理部门自身的碎片化都需要以项目制作为功能整合的载体实现区域经济发展动力整体性转换。这种机制以区域战略转换、战略需要与问题解决为导向，架构依托网络的参与者结构，通过全过程的目标实现考核，引导网络参与者为实现战略目标共同努力，最终达成战略与政策在有效匹配基础上的战略实现。为克服社会网络参与主体之间交易成本过高、集体行动难以达成及缺失社会网络整合的推进机制等困境，相关理论与实践探索已经开始关注 PPP 模式、政府服务外包模式、财政资金贴息等区域经济发展动力转换的政策工具，其中尤以项目制为特征的公共资源启动、校正区域经济发展动力转换成区域经济发展动力转换的压轴政策工具。这是因为项目制可以绕过"条块分割"的科层体系的限制实现公共资源的迅速直接输入，以利益引导整合社会网络，为实现战略目标而从事市场活动。此外，其他政策工具在区域经济发展动力转换从战略到政策展开时由于环境变化、行为主体的多重博弈容易影响区域经济发展动力转换的效果与效率，因此也需要有项目制这种能够输入外在因素的机制予以校正，通过将公共资源定向移植进入原有的依托网络来改变原有的利益格局，从而校正偏离正常轨道的市场行为。

第二章　基于 SWOT 分析框架的区域经济发展动力转换分析

　　成熟的理论框架是问题界定的有效建构，为特定问题的探讨提供了高效的透视解读。因此，基于 SWOT 理论框架分析对区域经济发展动力转换的优势、劣势、机会、威胁进行全面分析以阐明区域经济发展动力转换的必要性及方向。我国经济发展核算是以区域为单位展开的，因此经济发展动力转换战略一般以区域为实施场域，比如山东的新旧动能转换战略、山西的能源改革区域战略。区域经济发展动力转换的相关研究表明，区域经济发展动力转换战略的主要框架包括资源禀赋、区域发展定位、区域经济发展愿景等模块。其中，区域经济发展愿景是区域经济发展动力转换从战略到政策展开的锚点，影响着区域经济发展动力转换的科学性。当前对区域经济发展动力转换的研究更多地停留在经济学视角上，鲜见专门采用 SWOT 战略分析框架来分析区域经济发展战略愿景，从而为区域经济发展动力转换战略及规划的制定提供支撑的研究。本书采用 SWOT 战略分析框架来分析区域经济发展动力转换问题具有学术与实践的双重意义。

　　本章主要讲述 SWOT 战略分析的内容与步骤，并对 SWOT 战略环境分析的相关理论研究进行梳理以找寻理论灵感。然后在 SWOT 战略分析框架下从优势、劣势、机会、威胁等四个方面分析区域经济发展动力转换的必要性。

　　（1）区域经济发展动力转换的优势主要集中于区域的经济基础、制度资源禀赋（"有效市场"与"有为政府"的结合）、因地制宜形成的产业结构与智力资本。

　　（2）区域经济发展动力转换的劣势集中于发展过程中的风险积累、产业结构失衡、产能过剩、老龄化社会、生态保护强约束带来的转型迫切需求。

　　（3）区域经济发展动力转换的机会集中于新形势下国内内循环的开启

为区域经济发展动力转换提供了新的机会窗口，通过多区域经济发展的合作治理、产业集群与产业链的优化将开启区域经济发展动力转换的新阶段。

（4）区域经济发展动力转换的威胁在于后疫情时代相关国家的去全球化政策调整将对区域经济发展原有的产业链条造成冲击，经济增速下降带来的原有经济结构的被动调整。基于以上分析，充分应用SWOT战略分析工具来识别与分析优势、劣势、机遇和威胁等交叉因素的影响，通过战略矩阵构建定位区域经济发展动力转换的构成要素。

一、研究综述及问题的提出

（一）基于SWOT分析框架的区域经济发展动力转换研究综述

1. 区域经济发展动力转换的研究综述

改革开放以来，我国区域经济发展取得的非凡成就得益于"有为政府"采用的宏观规划调控与"有效市场"基础地位的充分发挥。但是也应看到，随着区域经济发展阶段的跃迁，区域经济发展中的问题也逐渐显现出来。

（1）区域经济发展失衡出现新的变化：原来的东西发展差距变为南北发展差异；智力资本在区域经济发展的失衡中成为突出因素；区域经济发展失衡有极化趋势。

（2）区域经济发展动力不足：原有的区域经济发展动力不足以支撑现在的经济发展规模与速度；在风险、生态、科技的多重约束下原有的区域经济发展动力部分失灵；经济社会发展联动下社会建设公共资源输入的需求考验着区域经济发展动力支撑的稳健性。

（3）后疫情时代对区域经济发展动力转换的关注增多将对经济管理部门框架构建能力提出更高的要求。后疫情时代国内内循环的启动在客观上将增加对区域经济发展的探讨，关注的增多将在问题探讨碰撞中改变问题界定从而使问题暴露、放大。

虽然不同区域存在人文环境结构、社会环境结构、经济环境结构的差异，但相邻或相近区域间的互相影响将使区域经济发展动力转换的必要性放大，比如近年来偶有发生的区域性企业担保链条的断裂。

在概念上，所谓"区域经济发展动力转换"是指在确保区域经济、社会原有生态系统健康、可持续的基础上，以区域经济发展的长远战略目标的整体优化为出发点对区域经济发展动力进行的转换。合理的区域发展动力转换定位对区域发展的可持续性具有支持性作用。关于区域经济发展动力转换已经涌现大量研究，但综合当前理论研究现状来看，已有的区域经济发展动力转换的研究更多集中于根据区域资源禀赋等确定转换方向，但对区域经济发展动力转换实现的路径缺乏相关的系统研究。区域经济发展动力转换方向的研究，大都集中于较宏观、抽象的理论层面的探讨。而本书的研究框架将通过 SWOT 分析聚焦区域经济发展动力转换的发展定位与发展基础，即区域经济发展动力转换的优势、劣势、机会、威胁，在发展战略视域下对现状与未来目标的差距进行因素分解。

2.SWOT 战略分析的相关理论框架研究综述

自从 SWOT 战略分析框架传入国内以来，我国学者对它的研究除理论阐述外，多集中于对 SWOT 战略分析四要素与国内应用场域的匹配优化方面。陈昭楠提出在实践应用中要提前筹划 SWOT 战略分析四要素的管理、化解，以扬长避短实现战略定位的渐进优化。姜涛认为 SWOT 分析框架为战略决策影响因素选择及决策方式提供了程式化的框架，通过将影响因素引入矩阵处理程序，可用矩阵直观化形式呈现战略可能选项。袁牧等认为 SWOT 战略分析框架是对战略要素进行分解、归纳、分析形成并校验战略与战术选择的过程。由于 SWOT 战略分析是主观评价的过程，其数据的可靠性及对数据的处理难免会引入非客观的因素，因此需要在分析过程中通过层次分析法、德尔菲法控制分析误差。其中层次分析法是抽取战略主要影响因素并进行两两比较排列，按照影响因子进行分层与排序的方法。德尔菲法则是通过调研专家依靠知识背景和主观判断做出的战略分析影响因素的评价，从而分散决策风险。在 SWOT 分析中，综合应用以上两种方法可以显著增强分析结论的精确性与稳健性。实际上，基于 SWOT 分析框架的区域经济发展动力转换分析框架通过不断吸纳新技术、新方法构建的具有兼容性的开放性框架，已具备应用于不同场域的理论普适性特征。

（二）问题的提出

在梳理文献的过程中，结合对基于 SWOT 分析框架的区域经济发展动力转换的分析思考，提出以下两个问题。

（1）区域经济发展动力转换分析所面临的优势、劣势、机遇、威胁的因素分别有哪些？在 SWOT 框架下的这些因素分析为区域经济发展动力转换带来了怎样的启示？区域经济发展动力转换在以往实践中的区域合作、创新发展、产业集群是弥补当前经济发展动力不足这一短板的可行方向，那么在 SWOT 框架分析基础上如何进行从战略到政策的设计才能够提升这些战略方向的可及性？

（2）波兰尼、格兰诺维特认为包括经济活动在内的人类活动是经济、社会等网络的互动过程，要回到经济社会的大环境中理解问题。依据此理论，区域经济发展动力转换要回到区域经济发展的场域中去寻找区域经济发展的优势、劣势、机会、威胁等，即从优势、劣势、机会、威胁四个维度观察区域经济发展动力转换的方向。

二、SWOT 战略分析框架概述

（一）SWOT 分析概述

基于 SWOT 分析框架的区域经济发展动力转换分析的依据是在实践中应用成熟的 SWOT 战略分析方法的基本内容及步骤，为区域经济发展动力转换分析提供了分析框架。在分析区域经济发展的优势、劣势、机遇、威胁的基础上，分析区域经济发展动力转换战略决策框架的契合点，进而分析区域经济发展动力转换的定位。SWOT 分析中的优势表示区域经济在长期发展中形成的制度、资源、禀赋等能够为区域经济发展动力转换提供动力支撑的因素；SWOT 分析中的劣势指区域经济在长期发展中由于资源禀赋及发展偏重导致的区域经济发展中的受限因素；SWOT 分析中的机遇指能够为区域经济发展优势发挥、短板弥补、发展动力支撑等创造条件的因素；SWOT 分析中的威胁指对区域经济发展产生诸多不利影响的因素。在 SWOT 分析中优势、劣势是从区域经济发展的自身维度进行的分析，机会、威胁是从区域经济发展的外部维度进行的分析。

SWOT 分析法主要以纸面推演的方式进行战略形态选择与战略势能的对比分析，是一种通过战略环境分析进行战略制定的工具。SWOT 分析取名于分析方法所聚焦分析的战略环境的优势、劣势、机会和威胁四个方面的首字母。通过 SWOT 分析将所有的因素集中在一起，使得战略制定所依据的优势、劣势、机遇、威胁明晰化，战略制定者得以把资源和行动聚集于自身优势和机会密集的区域。

SWOT 分析步骤包括：①明确当前战略内容及框架；②确认战略分析时战略环境变化的方向与程度；③明晰战略制定主体的资源与能力上限；④在明晰优势、劣势、机会、威胁的基础上对其进行二次分析，分析的目的在于找寻优势、劣势等内部能力与资源和外部的机会、威胁进行勾连转换的机制；⑤对 SWOT 战略分析进行客观界定，可以采用层次分析法、德尔菲法等对战略分析结果的可靠性进行检验。在具体方法论的应用上借鉴混合扫描的决策方法（定性分析与定量分析两种扫描视角）对区域经济动力转换的战略进行分析，同时避免在分析过程中的过度精细化与复杂化，毕竟战略制定在一定程度上是灵感与经验的结晶。

1. 机会与威胁分析

通过分析世界经济史可以发现，近百年来因生产力发展所创造的物质财富几乎等同于人类自诞生至第一次工业革命前创造的物质财富的总量。物质财富的爆发式增长满足了人类的基本物质需求，却助推了需求与供给的错配和失衡的矛盾。政治、经济、社会的巨大变迁使战略环境中的机会与威胁因素呈现开放和动荡交织的特点。从战略环境对战略制定所产生的影响看，这种影响不外乎是机会与威胁两类。机会指经济社会发展所具有的有利因素，能够为战略提供良好的实施场域与资源禀赋支持。威胁指环境中的不利因素导致的战略实施受阻，从而阻碍其发展。

毛泽东同志在《改造我们的学习》中提出，将马克思、列宁主义的普遍真理和中国革命的具体实践互相结合要："首先来说研究现状……我们认真的研究情况，从客观的真实的情况出发，而不是从主观的愿望出发。其次来说研究历史……认真地研究现状的空气是不浓厚的，认真地研究历史的空气也是不浓厚的。其次说到学习国际的革命经验，学习马克思列宁主义的普遍真理……不会运用他们的立场、观点和方法，来具体地研究中国的现状和中国的历史，具体地分析中国革命问题和解决中国革命问题。"[1]《改造我们的学习》为 SWOT 战略分析提供了历史—问题—标杆的三维的分析角度。从问题维度归纳区域经济发展动力转换的机会与威胁，这是因为机会往往是建立在问题中的可改善之处，而威胁通常也以问题表征的形态呈现。从历史维度分析机会与威胁将为理解区域经济发展动力转换的演变提供背景知识，从而为从战略到政策展开提供适宜背景的框架设定。从标杆维度提取现状与标杆的差距将更有利于发现区域经济发展动力转换中的机会。最后在问题—历史—标杆框架基础上确定区域经济发展动力转换的方向与战略。

2. 优势与劣势分析

SWOT 战略分析中的优势指在战略分析框架中超过同级别战略主体具有的优越性因素，在区域经济发展动力转换中可以是产业集群、资源禀赋、发展基础、区位优势等。战略分析中的优势分析是 SWOT 分析中的优势象限，是众多战略优势因素的集合。需要特别注意的是在 SWOT 战略分析中的优势分析不能仅停留于抽取优势因素形成优势分析象限，更应该在优势集合内部进行战略优势因素的分层分级，以明确在哪些方面与同级别

战略主体相比更具战略优势，因为战略制定的一大目标就在于扬长避短。

　　战略优势的形成是战略主体自身资源和能力经过长时间演化形成的具有区别于其他战略主体的稳定、可识别的优势因素集合。在区域经济发展动力转换中时间维度上的渐进变换是重要的程序。区域经济发展动力转换要脱离原有区域经济发展动力转换的路径依赖，找到新的区域经济发展动力转换路径，需要在时间维度上的积累，因此在进行 SWOT 战略分析时需要着重分析建立优势的时间跨度及战略优势的大小。SWOT 战略分析中的优势分析寻求以渐进优化方式的优势撬动外部机会，从而实现区域经济动力发展的顺利转换。

　　战略劣势的探寻其实是对战略主体自身短板的认知，是对未来威胁战略实施的因素的提前掌握。SWOT 战略分析的劣势是对战略制定与实施具有抑制性作用的因素集合。在区域经济发展动力转换的语境中，抑制性是妨碍、阻止、影响区域经济发展动力转换的因素，比如路径依赖、发展惯性。优势、劣势是关于区域经济发展现状、区域发展特色的相对概念，正所谓"甲之蜜糖，乙之砒霜"，当外部的机会与内部的能力、资源不匹配、重叠时，战略的优势也会变为劣势。比较典型的如回顾中国四十多年改革开放史会发现"资源诅咒"的典型现象，局部区域资源禀赋优厚却在四十多年的改革开放中发展落伍，局部地区资源禀赋乏善可陈却闯出了发展新路径。

（二）区域经济发展动力转换的 SWOT 分析

1. 区域经济发展动力转换的优势维度：经济发展奠定的历史性基础

　　经过四十多年的改革开放，区域经济发展动力转换所具有的最大的优势在于四十多年经济发展所奠定的经济基础，包括资本的积累、人力资本的培育、产业链条的成熟定型。学术界衡量区域经济发展水平的指标一般有两类，一类是经济增长的数量型指标，包括区域 GDP 增长速度及地区经济总量等衡量指标，另一类是衡量经济质量的结构性指标，包括产业结构、区域发展机构等。综合两类指标背后所具有的意义来看，前者侧重于数量的增长及规模的扩张，其驱动来源于要素的投入及结构的改善；后者侧重于强调发展的质量，强调以结构质态演进实现经济发展。

区域经济发展动力转换的优势有以下几点。

（1）四十多年的改革开放、宏观经济管理职能的优化、有效市场机制的塑造，使区域经济发展动力转换已经形成依靠市场机制、价格机制引导资源优化配置的基础机制。尽管在基础机制的形成过程中还存在不平衡与局部失序的情况，但将市场机制、价格机制作为资源配置的基础机制的普遍共识已成为不争的事实。

（2）在长期的区域经济发展过程中，区域内已经形成适宜本区域发展的成熟的产业链条与产业集群。在经济发展的"干中学"模式中，前期经济发展的成熟的经验结晶成为推动区域经济进一步发展的动力。

（3）区域经济发展动力转换的优势还在于区域经济发展的改革为促进区域经济发展提供了广阔的空间。特别是通过长期探索逐渐形成了通过转变职能与政策传导机制释放经济活力的经验。

（4）区域经济发展动力转换的优势更在于在产品市场化阶段完成以后不断地向要素市场化阶段推进。市场化的深入主要集中于智力资本的市场定价、金融市场化、土地等要素的市场化。区域经济发展动力转换基础的优势要素、市场化深入的价值追求重在以单一要素的市场化向多元要素市场化的全面展开，特别是以要素市场化承载经济与社会平衡发展的政策旨归。区域经济发展不平衡、动力失序所带来的不均衡的社会发展问题，其深层次隐藏的是公平与效率、风险与发展的平衡、不同利益群体的利益再分配问题。而在数十年的经济发展中已经形成应对评价标准多元化、目标多元约束的灵活制度体系。

2.区域经济发展动力转换的劣势维度：经济社会发展联动下政策空间收窄

格兰诺维特等认为经济发展动力的找寻要置于当地社会发展的空间中。有美国学者在比较硅谷与128公路兴衰史之后得出美国硅谷能够熨平经济兴衰周期，实现长期经济发展的区域优势在于其网络化的产业集群结构及宽容创新的文化结构。区域经济四十年的发展存在以发展的速度掩盖了发展过程中出现的问题的现状，但随着经济发展，不同利益群体的利益分歧的弥合难度的增大，区域经济发展所需要的社会整合基础的难度也随之增大。特别是在区域经济发展速度变慢的情况下，问题界定阈值发生了改变：即以往不是问题的情况逐步呈现问题状态，以往被发展所掩盖的问题以新的形态呈现而且日益错综交织。

区域经济发展动力转换所依托的社会基础与经济发展关联的重新整合面临着一系列的发展难题，特别是经济发展与社会基础中问题维度的增加使政策空间收窄。政策空间收窄意味着需要提升解决对策在力度与精准方面的有效性，即实现政策由扩大要素投入量向提升政策效率的转变。对区域经济发展动力转换发展而言，无论是保持动力的持续还是实现动力的接续转换，都需要在逐步收窄的政策空间中提升从战略到政策展开的效率。这种效率的提升建立在政策所依据的制度空间的拓展及政策技术的成熟，包括战略上的成熟分析、制度资源禀赋的空间结构性拓展、从战略到政策展开的渐进性效率。区域经济发展动力转换分析劣势维度中最突出的约束是什么？对于区域经济发展动力转换来讲，追求经济效率本就是区域经济发展动力转换的题中应有之义，但是效率往往与社会发展公平、资源的约束、社会矛盾的激化具有一定的关系，往往难以同时达到多元目标的要求，从而使经济社会发展联动下的政策空间收窄。这种情形可以用"布里丹效应"来加以描述：法国哲学家布里丹给自己的毛驴两堆草料供其选择，结果毛驴陷入了选择困局，在左右摇摆不定中饿死了。因此，如何在多元目标下形成的收窄政策空间中完成区域经济动力发展转换便成为重要的课题。

3.区域经济发展动力转换的机遇维度：区域经济发展动力转换战略

区域经济发展动力转换理念建构于确定自然、社会、生态、经济及开发利用的基本关系模式以确保发展的可持续性、可兼容性。可持续性、可兼容性对区域经济发展动力转换规定了能力的上下限，即满足了代际发展特性，能够满足不同代际人类发展的需求。从涵盖内容来说，区域经济发展动力转换包括社会层面、生态层面、经济层面的可持续性。社会持续性指强调经济发展速度限定于社会可承受能力范围内，人类社会生活品质总的改善量位于经济、社会、政治等原有制度系统涵容限度之下。生态持续性意在说明资源利用与资源转化工具的兼容以实现生态保护和生产持续在内的双重目标的平衡。从指标化表征来讲，区域经济发展动力转换注重发展要素的协调性，要求总的向量加成呈现单调不减的态势。

之所以说区域经济发展动力转换是机遇，是因为区域经济发展动力转换作为区域经济发展动力转换的认知框架，将对从战略到政策展开的行动起到引导作用。这种引导作用突出表现为发展的主题、对需要的生产与限制。

（1）区别于以往单纯地追求经济增长，区域经济动力发展转换所突出的发展主题是追求经济、社会、生态、文化的多元目标的实现。

（2）区域经济发展动力转换的另一主题是对需要的生产与限制。生产需要具有满足区域内不同利益群体对生产、生活等要素的需要与通过文化引导生产新的需求以驱动经济发展动力转换。对需要的限制主要是跨期的需要满足与生产要限定在生态系统、风险约束的框架限制内，实现需要满足与生产的可持续。区域经济发展动力转换要在发展、需要生产与限制的框架化设定下协调与整合经济、科技、生态诸要素，因而在研究诸要素功能行为及适应机制的基础上制定战略到政策展开就尤为重要。

之所以说区域经济发展动力转换是机遇，是因为区域经济发展动力转换作为一种认知框架与行动框架具有其自身的动力、合理性、合法性机制设计。动力性机制容易了解，即区域经济发展动力转换的动力学机制是建立于通过需求的生产与限制驱动供给端的自动适应性匹配上的。区域经济发展动力转换的合理性与合法性机制在于其具有自我学习、自我规范机制。区域经济发展正在遭遇发展的焦虑，即随着长时间的经济高速发展，区域内不同利益群体对经济发展的速度司空见惯，由此导致经济发展速度的任何风吹草动都会引起发展焦虑，此外长时间的发展使得区域经济发展动力缺乏系统的关于"为什么发展"的思考，而区域经济发展动力转换为思考与实践这些问题提供了场域。

4. 区域经济发展动力转换的威胁维度：多重危机交织

2008 年金融危机以来虽然各区域均保持较强经济增长态势，但区域经济发展面临的风险也在增多。近年来区域经济呈现下行趋势，特别是新冠疫情发生以来，区域经济稳增长与防风险的平衡面临较大压力。在不稳定性、不确定性等诸多不利因素交织的背景下，区域经济发展动力转换正面临新的危机。

从外部背景看，当前区域经济发展动力转换正面临由新冠疫情引起的公共卫生危机、经济危机、治理危机等三大危机。从公共卫生危机来看，当前新冠疫情在全球有继续蔓延的趋势，合力应对危机尚未形成制度化安排。而且这种危机使全球人流、物流、信息流的流通体系混乱失序，使经济体系出现"堰塞湖"现象。从经济危机来看，全球经济是否已从 2008 年的经济危机走出尚无定论，而公共卫生危机的发生使得消费、投资、出口这"三驾马车"均受到显著影响。全球经济的负增长与抗击疫情投入之间的关系值得人们深入思考是否会形成恶性螺旋，从而对区域经济发展动力转换产生影响。从治理危机角度看，新冠疫情及疫情引发的经济衰退形成治理进程的断点，使原有治理秩序及治理体系暴露出诸多问题，比如：如何在规避社会风险的情况下进行经济刺激；原有组织结构的重组是否能够应对不断变化的情况；经济社会发展失序状态下以底线思维规避风险的问题。

从区域经济发展动力转换来看，当前区域经济发展面临需求结构失衡表征下的消费不足、创新中的原始创新能力滞后于经济发展需要、区域经济结构失衡对政策的匹配度要求上升等现状。需求结构失衡表征下的消费不足主要表现为居民收入在国民收入中占比偏低，消费供给端的质量、安全对消费结构、消费水平形成制约。创新中的原始创新能力滞后于经济发展需要表现为区域产业链、产业集群中的关键技术受制于人，卡脖子的共性技术缺乏联合攻关，这些都属于市场机制的固有缺陷，需要创新公共服务供给改变关键技术的滞后性。区域经济结构失衡对政策的匹配度要求上升，主要表现在区域经济结构内部资源禀赋、原有经济基础的不同导致经济逆周期调节政策要因地施策以对中长期结构性问题进行预调节。同时，出于对风险敞口暴露具有时间滞后性的考量，政策匹配设计需要在追求增长与风险防范上进行目标的均衡化处理。

按照区域经济发展动力转换问题产生主体的差异，区域经济发展动力转换中产生的问题可以分为区域经济发展组织网络碎片化的组织困境、区域经济发展秩序供给不足的秩序困境、多元主体合作治理基础缺失的供给困境三个层面。

（1）区域经济发展的内外困境：区域经济发展循环网络的碎片化。区域经济发展的理想状态是依托产业链及产业集群形成贯通区域内外的循环网络。硅谷的区域经济创新体就是一个很好的例子。硅谷通过发达的创新及技术转化网络将技术创新与产业发展相结合，建立了柔性、灵活的经济循环适应机制，从而走出经济发展的盛衰周期律。从区域经济发展理想状态的界定可以看出，区域经济发展的循环体系不仅仅是产品的流通体系，还是区域内部、区域之间创新交换并不断聚合演进的共同体。用这种理想状态关照区域经济发展实践，在后疫情时代经济增速下行、社会经济联动效应增强的变迁下，区域经济发展动力转换存在内外困境。在新冠疫情冲击下及生态保护趋严约束下，原有的循环畅通的经济发展出现堵点，区域经济发展循环网络原有体系在外部因素冲击下出现碎片化的倾向。本来区域经济发展循环的堵点及碎片化可以随区域经济发展新动力的培育而生发，但这是一个漫长的过程。新冠疫情发展演化的不可预测性和区域内经济利益体对未来经济发展信心的不足、经济下行增加资源可获得难度，区域经济发展动力转换中碎片化的弥合难度加大，这将进一步延长区域经济发展动力转换期。

（2）秩序困境：区域经济发展整合协调秩序供给不足。区域经济发展动力转换面临之前市场化改革与对外开放持续深入的经济变迁中遗留的历史问题：不同区域经济发展的动力与质量差异、区域经济锦标赛机制的导入致使整合协调缺失，成为区域经济内部循环及区域间经济外部循环的阻滞。将区域内的经济利益群体作为个体来观察的话，会发现其行动的集合无论是否能实现区域经济内部良性循环，都具有外部性，但能否达成区域经济协调发展的产业链条、产业集群的有序规范取决于将资源转换为利益的持续机制（局部空间利益的有限性会加剧竞争的激烈程度）及制度的激励性，这是形成区域经济协调发展的关键。而当下我国区域经济发展实践由于多层次主体的参与、强烈的地域观念、多重目标下主体目标选择的冲突，在区域经济发展动力转换的规则形成中存在效率及时间的损失，而如何在区域经济发展的动力变迁中就共同规则的有效达成形成推动力量则需要在从战略到政策的展开中予以考量。

（3）供给困境：区域经济发展构建合作治理基础缺失。在区域经济发展动力转换中涉及政府、市场、个人等三个层次的主体，谁是转换动力的主要支撑者是区域经济发展动力转换理论与实践需要重点探讨的问题。以往经济发展动力转换的发展历程表明，政府宏观调控机制、市场自发机制都不足以构建区域经济发展的基础。因此，有学者主张在区域经济发展动力转换中采用合作治理方式，即政府、市场、个人等多元主体通过竞争规则制定、市场契约形成、公共服务的提供等形成区域经济发展动力供给结构、供给方式和供给规则的多元化。在合作治理的过程中，政府和社会组织、公民个人等依托社会网络能够有效回应区域经济动力转换中的"如何转换"这一问题。区域经济发展动力转换的"如何转换"问题实际上是社会网络中的异质主体如何协调利益并形成高效网络链接的表征。第一，区域经济发展动力转换牵涉多层次、多行业、多元化主体，因此社会网络中主体的变动使社会资本缺乏价值参照体系，影响合作治理的效率和效果的实现。第二，网络参与者主体利益的分化产生的多元化倾向将使区域经济发展由战略到政策的展开嵌入出现资源与效率耗散。比如区域经济发展利益衡量判断的困难会影响从战略到政策展开的利益分配，进而使政策嵌入的资源与效率产生损耗甚至失效。第三，区域经济发展动力转换过程中从战略到政策展开的政策工具优先次序排序的区域差异、时间动态变动使合作治理如何达成成为管理难题。

三、区域经济发展动力转换必要性的多源流分析

国内学术界对区域经济动力转换的内涵争论较多，按照托马斯·库恩的"范式"理论框架进行界定，当前正处于百花齐放的"范式竞争"阶段。归纳来看，主要有"五维结构"说、"三观"说、"四新"促"四化"说、"经济社会发展动力通俗概括"说、"生产力、生产关系调整说""一增一减说"等。余东华认为区域经济动力转换即以加快培育壮大新动能、改造提升传统动能，发展新技术、新产业、新模式、新业态为代表的新经济，实现新旧动能的接续转换，保持经济持续稳定健康发展。[①] 杨蕙馨、焦勇认为区域经济动力转换主要包含微观视角下要素组合方式与利用效率、生产技术水平的组合的提升，中观视角下地区、城乡、产业向均衡增长的转变，宏观视角下向高质量发展转变的动态过程。[②] 王金胜认为区域经济动力转换是对经济社会发展动力的通俗概括，是涵盖经济、政治、文化、社会生态文明建设的系统性工程。[③] 张文、张念明在梳理经济发展史宏大叙事的基础上，认为经济发展史就是动能转换接续史，并从器物层、技术层、产业层、制度层与观念层的"五维结构"分析了区域经济动力转换的

---

① 余东华. 以"创"促"转"：新常态下如何推动新旧动能转换 [J]. 天津社会科学,2018(01):105-111.

② 杨蕙馨,焦勇. 新旧动能转换的理论探索与实践研判 [J]. 经济与管理研究,2018,39(07):16-28.

③ 王金胜. 山东省经济绿色发展新动能的培育理路 [J]. 青岛科技大学学报（社会科学版）,2019,35(03):36-40.

历史意涵。[①] 李维梁、董彦龄认为区域经济动力转换是生产力与生产关系的一定调整，是新的生产力发展带动制度、发展环境等的重塑过程。[②] 以上概念内涵都局限于区域经济动力转换的内容，而区域经济动力转换政策作为我国政治系统的输出，其内涵的有效界定不能仅仅用发展经济学经典理论框架框定，更应该从政策过程角度去理解，有鉴于此，本书尝试以多源流理论解析区域经济动力转换概念的内涵。

多源流理论是美国著名公共政策学家金登构建的用于分析哪些因素能够助推政策变迁的分析框架，其认为政策变迁过程的开启是在特定时刻多种因素汇聚后共同作用的结果，而并非单一因素使然。在综合分析诸多具体政策变迁案例的基础上，他将"多种因素"抽象概括为"问题源流"（有待政府加以解决的问题）、"政策源流"（各种各样的政策建议）、"政治源流"（国民情绪、公众舆论等造成的压力）的集合，而"结合"则是三种源流汇合所开启的"政策之窗"。

（一）问题源流：新老问题交织

2011 年之后，受经济周期性调整、国际市场需求波动、全球化红利逐渐消退等因素影响，我国经济呈现经济增长低谷期、增长速度换挡期、强刺激政策消化调整期、产业结构重大调整期的"四期叠加"现象，这其中既有经济长期高速增长之后逐步回落的合理性，同时也要注意防范其中蕴含的"黑天鹅""灰犀牛"风险和挑战，尤其是面临基本公共基础设施建设基本到位后的公共投资增长率和公共投资回报率双降，劳动力人口数量减少和人口快速老龄化，产业结构出现要素价格扭曲、金融数量型调控、地方政府产业发展焦虑、产业政策设计欠妥等造成的重化工比重过大、产业低度化等问题。"上山问樵，下水问渔"，长期关注、思考中国经济问题的

① 张文，张念明.供给侧结构性改革导向下我国新旧动能转换的路径选择 [J].东岳论丛,2017,38(12):93−101.

② 李维梁.新旧动能转换实施模式的理论与实践——以山东省为例 [J].山东工商学院学报,2019,33(05):115−124.

学者、中国政府的决策高层从经济指标的波动、实地调研中异常敏锐地感知到了这些问题，成为开启区域经济动力，转换"政策之窗"的问题流。

（二）政策源流：政策企业家的呼吁

中国自古就有"经世致用"的文人传统，当代经济学者除将对国内外经济增长方式、经济发展方式的转变作为理论研究和探讨的热点外，更是承担起"政策企业家"的使命，通过论坛、决策咨询等方式传达对经济的实地调研结果、理论研究成果，供我国高层领导人决策思考。对于区域经济动力转换的讨论，最早可见于2011年网易所组织的经济论坛，会议以转变发展方式、寻找增长新动能为主要内容，与会的经济学家对寻找新动能表达了各自的学术见解，他们提出的很多建议与日后的政策措施似有共通之处。值得特别说明的是，"动能"一词来源于物理学，是物体由于运动而具有的受物体质量和速度的影响的能量。20世纪经济学界出现借用物理学概念的范式，并逐渐发展成经济学的一个分支——物理经济学，物理学中有很多词汇，比如动力、质量、耦合、速度等先后被借用到了经济学中，并成为被经济学所公认的带有经济学内涵的词汇。而这些词汇在我国宏观经济政策中也比较常见，证明了我国高层领导人对宏观经济的决策在一定程度上吸收借鉴了经济学理论的研究成果。

（三）政治源流：问题驱动政策注意力资源配置

国内宏观经济发展对于国内政治稳定的"压舱石"作用使得转变经济发展方式、破解宏观经济困境、弥补宏观经济短板进入国家宏观政策议程，为区域经济动力转换"政策之窗"的开启提供了助推力。

从以上分析可以看出国内经济困境的指标表达，学术界、新闻媒体对经济发展方式转变要求的共同生产放大，中国政府对区域经济动力转换政策的吸纳升华三种源流"汇流"共同开启了区域经济动力转换的"政策之窗"。区域经济动力转换自2015年开始出现在中央和地方政府的领导讲话、政策文件、理论研究中，并随实践发展和理论研究使其内涵逐渐得以丰富、完善，其内涵体现了历史和现实的贯通、国际和国内的关联、理论和实际的结合。从区域经济动力转换概念运用情景的重现、相关概念的比较、理论的归纳抽象来看，区域经济动力转换是历史的、发展的概念，是在转变经济增长方式——转变经济发展方式逻辑主线下继续深化、拓展、丰富的，具有极高的预见性和方向性上的重大判断。

区域经济动力转换概念自提出时就包括经济下行风险应对、产业结构升级、对外开放、区域协调发展、技术创新、制度创新、生态保护等顶层集成设计，实现了顶层设计、机制设计与实践路径的转换。从顶层设计的转换看，区域经济动力转换是向理念创新、制度改革、结构优化、要素升级的目标集成、政策集成、效果集成的转换；从机制设计的转换看，区域经济动力转换是理念机制与实践机制的转换，是以"驱动机制""倒逼机制"来代替"拉动机制"，即以"创新驱动"和"生态保护、供给侧结构改革的刚性约束倒逼经济发展"来代替"传统三驾马车的拉动"；从具体实践路径的转换看，区域经济动力转换建立在对主体状况真实状态（风险、结构、效益）及内在运行逻辑的判断之上，具有极高的预见性和方向性，以鲜明的政策导向指明了"新动能"与"旧动能"的区别，并以供给侧结构性改革、生态保护、"四新"促"四化"培育、提升对外开放度、产业与区域协调发展、风险防范与化解为主要抓手进行路径转换。

四、基于 SWOT 分析框架的区域经济发展动力转换分析

区域经济发展动力转换相关基础理论与演进理论，与其说是理论，不如说是一种分析视角和分析框架，为经济下行背景下如何进行风险应对、产业结构升级、深化对外开放、区域协调发展、技术创新、制度创新、生态保护等一系列问题提供了解决问题的思路。然而经济下行背景下出现的一系列问题并不是一开始就贴着"问题"的标签出现的。宏观经济一般都是以表面现象或所谓的"事实"形式呈现，要想透过事实发现深层次存在的政治、经济、社会、生态、文化的联动逻辑，就应对这些现象与"事实"

进行诠释，而这种诠释则需要依赖分析视角和分析框架。从这个角度讲，第二部分的区域经济发展动力转换理论发展逻辑就为区域经济发展动力转换的现实实践提供了一系列的分析视角和分析框架，这些分析视角和分析框架的差异性使人们得以从不同视角思考区域经济发展动力转换现实实践的对策，其重要性丝毫不亚于已经掌握的宏观经济所呈现的现象和事实。因此，通过构建区域经济发展动力转换理论研究谱系，找到理论研究视角的稀疏部分，进而从这些稀疏部分（主要是创意应用、政策理论借鉴、实践方法总结）入手，为区域经济发展动力转换提供全新视角下的可能性对策，这也不失为具有理论启发意义。

（一）创意应用弱化产品边际效用递减规律作用

波特钻石模型将生产要素分为初级生产要素和高级生产要素。高级生产要素指先进科技、高等人力资源、生产型服务业等创意要素供给。波特认为创意要素通过赋能制造业、增值产品创意内涵从而削弱产品边际效用递减效应，将为新动能在区域内生与传统动能的转型提供助推。创意与制造业的融合可分为科技创意与制造业融合、文化创意与制造业融合两种路线。从一定意义上讲，制造业的区域经济发展动力转换是整个区域经济发展动力转换的"牛鼻子"，找到科技创意产业与制造业融合的路线图和融合规律，就能找到区域经济发展动力转换的金钥匙。

科技创意与制造业的深度融合分为企业、产业链和产业集群三个层次。这三个层次的融合形态表现为新技术、新产业、新模式、新业态。在企业层次，科技创意孕育新技术、新模式：通过在价值链前端的工业设计中的科技创意应用改善产品的外观、结构、功能和科技含量；通过企业制度与组织架构再设计、流程再造、工业互联等重构制造业价值链创设新模式；通过科技创意人员的灵感、理念、知识、技能为价值创造核心的渗透、融合是这种新技术、新模式的创新过程的典型特点。在产业链层次，科技创意催生新产业、新模式：通过在产业链单点或多点的科技创意应用构建产业链高效经济技术链接与利益分配机制，从而实现内生拓展、链条跃迁、新链嵌入的节点企业聚合，比较典型的如深圳大疆无人机"一机带动"所实现的无人机产业链、芯片产业链价值链升级和产业空间结构优化。在产业集群层面，融合、塑造新业态，通过科技创意找到本不相关的几种制造业的产业连接点，巧妙地实现群群融合。

此外，还应利用文化创意产业深入挖掘传统动能在长期发展过程中所形成的文化因素和文化符号，结合数据化管理，以版权和创意内容为基础，提升传统工艺文化的传播能力，追求产品的全球市场化，引入个性化、时尚化创意，赋予制造业以创新活力，特别是通过增强企业品牌的文化内涵来提升企业或产品的品牌价值以塑造新的模式。例如山东东阿阿胶通过培育阿胶文化，打造阿胶收藏文化，赋予阿胶文化新内涵，使收藏者能够反复把玩欣赏，提升了阿胶的文化含量，扩大了消费量。

（二）区域经济发展动力转换的政策话语框架化认知设计

现象和事实背后的复杂机制使得从问题界定、备选方案、政策选择、政策执行到政策评估的政策过程的每一步都面临决策选择问题，这种决策选择解决的是不确定性下如何取得最优结果的问题。例如在问题界定中对于问题"是什么、为什么"就难以达成一致；备选方案政策选项的效益、效率、效果都是预测；政策制定的模糊化处理所带来的政策有意的策略性执行或无意的理解性偏差执行，将造成政策效果与政策制定初衷的背离；在政策评估中政策效果的显现需要时间，影响利益相关者对政策效果共识的达成。鉴于现实的复杂性、个人计算能力的局限性和信息收集收益成本的权衡，理性经济参与者在多次决策的试错学习过程中逐渐形成适应决策压力下的以理念进行简化处理的过滤机制。韩国学者河连燮将理念分为项目理念、范式理念、公众情绪理念三种类型。其中项目理念是政策精英解决政策问题所提出的具体技术及专业性手段的理念，用来应对具体操作层的需要；范式理念提供界定问题的认知及规范框架，范式是政策精英对问题进行认知与理解并影响其判断方案效果的标准的概念框架。在现实中，人们为已明确的问题提出解决方案的情况是客观存在的，但不可否认的是，无法确定何为问题的情况也是存在的。在这种情况下，如何界定问题就显得十分重要。作为范式的理念就是与问题界定有关的理念。如果说项目型理念意味着精致，是旨在解决特定问题的对策方案，范式型理念则影响政策设计者的目标界定及路径选择的范围，公众情绪理念指问题解决方案是否具有能够获得民众认可的工具层面的有效性，是否影响其被采纳为政策或作为政策执行的可能性。从理念层面看，因为区域经济发展强调通过生态保护、供给侧结构性改革的倒逼及创新驱动实现经济发展路径的变革，这势必与实践中传统的经济发展路径在路径依赖与机制锁定上产生冲突。前文已经述及公众情绪理念对政策工具层面的有效性存在重大影响，因此，使公众认可区域经济发展理念，实现"有为政府"与"有效市场"的结合就显得十分必要。

1. 运用象征或概念建立区域经济发展的框架化认知

政治精英或政策决策者一般会将公众对区域经济发展的认知从依靠传统动能引向依靠新动能，从而创造有利于区域经济发展的舆论环境。而这里的框架是政策精英为提高政策的合法性所运用的象征或概念，框架化是指努力将政策引向有利于自己的方向。关注框架化概念意味着人们已开始将理念视为被决策者和政策过程的参与者不断建构和加工的产物，而不是将其看作是一个被动存在的模糊概念。换言之，即将理念的形成、变化和传播过程本身视为一种有目的的策略。政策议题具有的复杂性特征意味着人们对政策评价的标准也可能是多样的。由于政策的复杂性特征和人们认知的局限性，一般民众判断政策时很难考虑到政策具有的所有特征，人们一般会选择自己认为最重要的政策特征，并以此为基点形成自己的态度。这就会使政策精英通过强调政策的特定属性，将公众舆论引向有利于自己的方向。因此，象征与概念的选择将会具有策略性特征。换言之，理念本身不会被动存在，而是不断地被决策者和政策参与者所建构和加工，而且理念的建构内容及被强调因素会决定理念能否得到公众的认可并最终获得大众的支持。

2. 明确区域经济发展动力转换中政策话语的内容集合指向

话语是政策精英在制定政策或对其选择的政策进行合法化的过程中，拟向其他政策精英和一般民众传达的内容集合。这里的话语是由包含政策理念和价值的理念领域与包含政策形成及沟通的互动领域构成的概念。在理念层面，话语起到主张政策逻辑和必要性的认知功能，以及通过明晰与共同体基本价值的符合度而主张政策适当性的规范的功能。话语的互动层面还可以再分为协调功能和沟通功能。在这里，协调功能是指提供政策精英之间探讨政策所需的共同语言和逻辑框架的功能；沟通功能是指就政策的必要性和适当性说服民众的功能。可以将框架化界定为创造与设置议题变动的原因，以及共享的对问题解决的理解与诠释的知识框架。议题不会自动产生，为了使现象上升为议题，需要对现象进行诠释，对特定现象的诠释可以采取多种方法。从某一特定现象引发争论的方法，是能够对民众支持和认可的特定议题产生巨大影响的。决策者为提高民众的政策支持度，会采用多种方法使政策按照有利于自己的方向发展，从这个意义上讲，政策执行的问题与其说是工具性或调整复杂性的问题，不如说是多个参与者如何界定框架化冲突的问题。

（三）区域经济发展动力转换的混合扫描理论框架设定

在区域经济发展动力转换中建立标杆与问题的混合扫描框架，以标杆引导区域经济发展动力转换的改进，以问题驱动区域经济发展动力转换的演进。

1. 以标杆形成区域经济发展动力转换的参照系

标杆是在社会变迁过程中事物长期发展演变所形成的最佳实践。以此为基准不断地测量、分析与标杆的差距，从而寻找实践中的有益元素并以此为依据持续改进。对实践中的有益元素的分析越细分化，就越具有实效性和广泛适用性。分析中国四十多年的改革开放史，其中便隐含区域经济发展的动力转换，而且在转换中形成了制度禀赋、资源禀赋、经济结构转换的典型样本，对这些标杆进行解构并对其中的有益元素予以创新转化，对区域经济发展动力转换具有借鉴意义。

2. 以问题驱动区域经济发展动力转换的实现

随着"生产力在现代化进程中的指数式增长，使风险和潜在自我威胁的释放达到了前所未有的程度"的"风险社会"的到来，特别是信息的爆炸性传播使得事物现象越发纷繁复杂，通过多理论多视角对诸多纷繁复杂事件的多角度审视以增强区域经济发展动力转换的战略预判能力，以及由战略到政策展开的渐进调适能力，已然成为区域经济发展动力转换的重要方面。"千丈之堤，以蝼蚁之穴溃；百尺之室，以突隙之烟焚"，区域经济发展动力转换问题驱动机制背后首先是区域经济发展动力转换的问题界定。问题界定就是在现实表征所呈现的多主体经济利益需求、超多元博弈策略的纷繁复杂线索中，媒体催化下混乱秩序的放大性中所隐藏的"千里之堤毁于蚁穴"的问题演化机制。如何从理论层面回答这些问题，以往诸多理论提供了不同的理论分析框架。综合以往理论研究成果，分析社会不同利益诉求和由此生发的行为选择策略及如何导致问题交织演化，并在机制分析的基础上进行对策设计以抑止社会主体演化博弈过程中坏策略的形成、扩散、稳定。

第三章　区域经济发展动力转换的理论基础

　　细心观察会发现区域经济发展的差异：为什么一些地区经济发达而另一些地区贫穷？为什么一些地区一段时间经济发展快速而另一段时间经济发展又陷入停滞？这正是本书所关心的问题，即区域经济动力转换问题。而对于怎样实现经济发展本身就是理论研究中经久不衰、持续聚焦的论题。从历史性角度分析，我国区域经济长期来看呈增长趋势，但在长期发展过程中也出现了区域经济发展波动承压能力、区域经济发展分化的明显差异。对区域经济发展动力转换的理论探讨其实就是探讨哪些因素能够推动区域经济发展。但由于经济增长理论探讨的视角纷呈、区域经济发展状况存在差异，对区域经济发展动力转换的探讨涉及面将极为广泛，且具有复杂性。

　　区域经济动力转换相关基础理论与演进理论与其说是理论，不如说是一种分析视角和分析框架，为经济下行背景下区域经济风险应对、产业结构升级、深化对外开放、区域协调发展、技术创新、制度创新、生态保护等一系列问题提供了方向指引。然而经济下行背景下的这一系列问题并不是一开始就贴着"问题"的标签出现的。宏观经济一般都是以表面现象或所谓的"事实"形式呈现的，要想透过形式发现隐藏的深层次政治、经济、社会、生态、文化的联动逻辑，就应对这些现象与"事实"进行诠释，而这种诠释就需要依赖理论分析框架。学术界对于宏观经济增长的探讨是对经济发展动力的认识不断深化、内涵不断丰富的过程。现代宏观经济调控认识的系统化、理论化可以溯源至约翰·梅纳德·凯恩斯的《就业、利息和货币通论》，但是受时代局限和理论方法约束影响，其理论着重短期、静态分析。凯恩斯学说继承者哈罗德、多马弥补其宏观经济分析短期、静态的不足，基于长期、动态分析构建经济增长理论的哈罗德－多马模型。众多经济学家以实践中的宏观经济分析为理论灵感来源，在哈罗德－多马模型基础上添加新的理论元素后建构了新的理论模型，试图寻找经济增长的动力来源。20 世纪 70 年代以后，"有增长无发展"的经济现象逐渐成为理论探讨的焦点，可持续发展理论和新熊彼特主义的创新理论等强调发展本质的经济发展理论成为宏观经济理论的主流。世界各国长期经济发展表明，区域经济发展是国家经济发展的重要组成部分，是国家经济发展动力转换的基点，梳理经济增长理论和经济发展理论中的有益理论元素能够为区域经济发展动力转换提供理论支撑。

一、经济增长理论

经济增长理论基于控制变量的理论分析方法分析了资本、人力资本、技术等对经济增长率的影响及贡献程度，为实践中的宏观经济调控指明了调控方向。哈罗德－多马模型认为资本的增加是撬动乘数效应发挥作用的杠杆，将引起国民收入增加及就业的动态均衡，进而由总收入刺激总供给的链接进入下一个资本驱动的乘数效应。技术进步论认为技术创新是经济增长的内生因素，其在经济体系中嵌入了新的生产函数，通过震荡效应及知识积累的外部效应，促成经济体系内生规模收益与重组收益。经济结构理论认为经济增长是各种生产要素配合的结果，其意图找到实现经济增长的深层次均衡结构，并以此作为指导经济实践活动的标杆。制度决定理论认为经济增长中的制度是经济体系内部生产、投资、消费有机运行的一整套市场机制和宏观调控规则，其研究重点是如何降低交易成本。Anusha Chari 和 Peter Blair Henry 运用案例分析法和事件史分析法分析来自发达国家和发展中国家区域经济发展动力转换的共性规律：通过制定与实施务实高效、风险防范、渐进权变的经济增长战略驱动区域经济转型。[1]Gregory C.Chow 和 Kui－Wai Li 利用柯布－道格拉斯生产函数对中国 58 年间的经济

[1] ANUSHA CHARI AND PETER BLAIR HENRY. Learning From the Doers: Developing Country Lessons for Advanced Economy Growth [J] .The American Economic Review, Vol. 104, No. 5, PAPERS AND PROCEEDINGS OF One Hundred Twenty-Sixth Annual Meeting OF THE AMERICAN ECONOMIC ASSOCIATION(MAY 2014), pp. 260-265.

增长数据进行资本、劳动力等生产要素的回归求解，实证表明技术扩散和宏观结构调整对中国改革开放后全要素生产率的较快增长贡献最大。①

这些模型以索洛模型、技术驱动经济增长论和新增长理论为代表。这些理论模型探讨了资本、技术、劳动等生产要素的优化配置机制在驱动经济增长中的规律。

（一）索洛模型

索洛模型将经济中的生产要素提炼归结为具有相互替代性的劳动和资本生产要素，并假定生产函数的规模报酬不变、要素的边际产量递减。同时假定劳动力增长率、技术进步率和储蓄率都是外生给定的常数。在上述假定的基础上，索洛模型重点研究资本自变量与经济增长的因果机制，模型探究的重点在于能否求得均衡的人均资本存量，从而建立经济稳定均衡增长的路径。

索洛模型的基本结论是：经济均衡状态是资本增长率即总产出增长率，而这种增长主要来源于劳动力增长与技术进步。经过研究还发现，在新出生人口未转化为劳动力资源、未发生明显技术进步时，经济产出的增加值被新增加人口所平均，导致人均产出维持在原本均衡状态。因此，技术进步对经济增长有关键的驱动作用。

（二）技术驱动经济增长论

爱德华·富尔顿·丹尼森被誉为经济增长因素分析之父。其主要理论贡献集中体现在《美国经济增长因素和我们面临的选择》中。该书根据美国跨期的经济增长率资料对驱动经济增长的因素的重要性利用定性方法进行了分析。通过特殊节点的划分，将1909—1957年间美国实际经济增长率进行两阶段的增长因素分解，发现用传统的资本存量和劳动力理论不能够完全解释产出的增长，未被解释的那一部分应该归结于技术驱动经济增

---

① GREGORY C.CHOW,KUI-WAI LI. China's Economic Growth: 1952—2010[J].Economic Development and Cultural Change , Vol. 51, No. 1 (October 2002), pp. 247-256.

长效应的发挥。

在对增长因素进行分解时，丹尼森将生产要素分为两类。一类是核算生产要素投入量的绝对值，包括劳动力在数量和质量的增长、资本（包括土地）在总量上的增长。另一类是生产要素核算单位按照单位投入量的三种情况：第一种是农业人口非农化、非农人口纳入统计单位引起的资源配置改善；第二种是规模的扩大引起报酬递增从而导致资源单位投入量的相对下降。第三种是由于知识在生产中的积累和应用的加速引起单位资源投入量的减少。

丹尼森的独特理论贡献在于用知识进展和应用解释用传统的资本存量和劳动力因素不能完全解释的产出增长部分。知识进展和应用包括"知识进展"和"知识转化时间缩短"两个要素。

（1）知识的进展。丹尼森认为作为解释经济增长的驱动因素的知识的进展是一个广义的综合性概念，包括提升产品结构与性能的经验的积累、可提升生产效率或边际成本递减的管理知识的进展及因新知识的引入而产生的结构和设备设计效率的递增。丹尼森在知识的进展这个因素中特别提到，全球经济网络链接密切性增强，使得新发现、新产品、新技术、新经验等知识进展扩散加快，因此，外源性知识进展成为促进经济增长的新动力。

（2）知识转化时间缩短。丹尼森认为知识的转化是知识从被熟知到被应用的时间差。丹尼森在比较 1909—1929 年、1929—1957 年美国经济增长率的因素分解时发现，固定资产平均适用年限的增加延长了知识转换的时间，对实际经济增长率产生了负贡献。但是社会网络结构交织加速使得技术情报传播速度加快和基础教育普及、高等教育水平提高，对知识转换起到加速作用，因此，加速效应跟减速效应叠加使得知识转换时间因素对实际经济增长率的影响轻微。

（3）知识的进展和应用是教育水平提升的间接效益。丹尼森用知识的进展和应用来解释用传统理论模型无法解释的引起经济增长的部分，实际上知识进展和应用对经济增长的贡献源自基础教育的普及以及高等教育数量、质量的提升的间接效益。

（三）新增长理论

20世纪80年代中后期，新增长理论迅速发展起来。一般学者认为，罗默的《收益递增与长期增长》和卢卡斯的《论经济发展的机制》的相继发表标志着新增长理论的正式诞生。新增长理论的主流思想是：经济增长是经济系统内生因素作用的结果，而不是外部力量推动的结果，并且新技术在经济系统的内生性扩散是驱动经济增长的核心因素。

罗默在建立他的第一个内生经济增长模型时，引用了"外部经济效果"的概念。即外部经济效果对经济增长的正向促进其实是资本要素积累的结果，资本要素积累的机制包括知识在产业间的扩散及其他产业发展所具有的要素溢出的外部性。两种不同的机制将外部经济效果建立于促进经济实现内生增长的路径上。第一个机制，即知识在产业间的扩散其实强调经济增长有"干中学"的知识累积效果：经济增长使知识积累内部化，知识的累积又反向形成促进经济增长的内生性因素。第二个机制是不同产业间要素溢出的外部性具有相互促进的正向循环意义。由于市场驱动要素配置机制的存在，不同产业间要素溢出的外部性对原有产业发展、新的产业集群形成正向循环的促进作用。一个很明显的例子就是无人机产业的发展过程，无人机产业会在中国深圳快速形成产业集群，就得益于知识在不同产业间的扩散及其他产业要素溢出的外部性，以及这些外部经济效果的有效协调。

罗默在1990年提出了第二个内生经济增长模型，他将增长的源泉置于劳动的社会分工之中，并将研究与开发活动在内生经济增长中的作用予以明确，其认为专业化的技术革新要素数量的增长是经济增长的核心机制。此外，谋取垄断的能力是引入新的技术的第一动机。技术水平可以无限制地增长，但人力资本的水平在所有经济场域中是固定的，因此，在假定人口增长的外生增长源泉固定的情况下，技术创新便成为经济增长的可持续源泉。

罗默的内生经济增长理论的贡献主要在于开启了经济学理论探索经济增长内生源泉的新的探索思路，同时对宏观经济调控政策的着力点的设计具有理论指导意义，启示宏观政策设计者经济增长的实现需要对那些驱动经济增长的要素进行助推式增加，从而产生规模经济效益递增或外部经济效果。

国内对于经济增长、经济发展的理论研究丰富，将国外主流理论基于国内经济实践进行研究对国内经济学的发展产生了巨大的理论推动作用。限于篇幅，将具有代表性的理论综述如下：吴敬琏认为经济体制改革和社会政治体制的改革效果对经济转型升级空间有限定效应；杨玉霞、邢宏运用定量方法证明要素生产率的增长对经济增长的贡献度存在拐点，在拐点附近更应注重经济发展质量（人民对物质文化生活满意度、环境改善等）的提升，实现经济发展新的跃迁。刘世锦和汪洋认为中国经济已经走过模仿式创新阶段，增强自主创新能力是转变经济发展方式的关键。

二、经济发展理论

经济发展理论主要构建于威廉·阿瑟·刘易斯、约瑟夫·熊彼特、华尔特·威特曼·罗斯托、波特与阿西莫格鲁等从经济发展史、跨国比较、技术和制度的可能性边界拓展等角度对"有增长无发展"的经济实践现象的理论反思。刘易斯将发展中国家由传统经济向现代经济的过渡结构称为二元结构，并构建了二元结构转变的劳动力流动理论模型。熊彼特提出的"创新理论"认为"创新"是经济增长的源泉，其"创新理论"后来衍生出强调技术创新和制度创新同等重要的演化经济理论。罗斯托将经济发展分为包含起飞和追求生活质量两个阶段的六阶段，并分析了这两个关键阶段的资本积累率、经济增长主导部门、配套制度的政策需求。波特将经济发展分为要素驱动、投资驱动、创新驱动、财富驱动四阶段，后两个阶段是经济发展的重要转折点。阿西莫格鲁以与技术可能性边界的距离为标准，将经济增长分为发展中国家的"基于投资的增长"和发达国家的"基于创新的增长"，"基于投资的增长"阶段主要依靠资源等的投资效率驱动先进技术吸纳借鉴能力实现经济增长，"基于创新的增长"阶段通过创新扩散拓展产品的成本、流程、市场、种类等的可能性边界为经济增长寻求新技术嵌入与新的产业集群的支撑。Shanthi- Nataraj、Ramya Chari、Amy Richardson 和 Henry H. Willis 通过综述相关文献和访谈方法的应用建立了空气质量与经济发展相关性模型，通过影响当地生产力的健康和人力资源水平、人口生活质量和生活地点选址、法规的刚性约束水平对企业选址影响的三种路径探讨了空气质量与经济增长之间的因果机制。[1]Chris-Benner 和 Manuel Pastor 通过实证分析 1990—2011 年美国 184 个地区的经济增长情况与就业变化的关系发现：通过加强社会治理、增进社会公平以增强社会凝聚力有利于经济的持续增长。[2]

（一）可持续发展理论

可持续发展理论以资源与能力的可持续、多元目标的可兼容为理论基点探索与归纳生态、经济、社会、代际等要素的同期与跨期的关系链接。其中资源与能力的可持续便资源与能力支撑多元目标实现具有平稳特性，并且能够满足多元目标需求。多元目标的可兼容指超越传统的目标多元增加冲突复杂性的认识，寻求多元目标的兼容共生。生态、经济、社会、代际等要素的同期与跨期的关系链接指在生态对经济社会发展的可承受能力与可承受速度下，不断实现生态、经济、社会、代际等要素综合开发利用与自身程序平衡及更新、稳定、再生的持续性生产循环。这种持续性生产循环的指标化表征表现为发展要素的发展速度的协调与发展态势的平缓稳定。

---

[1] SHANTHI NATARAJ, RAMYA CHARI,AMY RICHARDSON, HENRY H.WILLIS.Links Between Air Quality and Economic Growth [M]. RAND Corporation, 2013(2):17-23.

[2] CHRIS BENNER, MANUEL PASTOR. Equity, Growth, and Community: What the Nation Can Learn from America's Metro Areas[M]. University of California Press,2015(1):37-53.

可持续发展作为经济社会发展的认知框架，将引导区域经济发展动力转换从战略到政策的展开。引导主要作用于发展方式、理性预期嵌入。发展方式的引导体现为在可持续发展理论下修正以往偏重效率的目标追求，强调经济、社会、生态、文化诸目标的多元平衡。理性预期嵌入是指将发展速度与发展的可持续性、可承受能力进行理性的平衡预期，并跨期考虑生态保护、风险约束的框架限制。

可持续发展理论的优势就在于其作为认知框架与行动框架的动力性、合理性、合法性机制设计，可实现生产与限制驱动供给端的自动适应性匹配。可持续发展理论有自我学习、自我规范机制，通过系统"为什么发展"的思考，构建思考与实践生态、经济、社会协调发展的跨代际场域。

（二）新熊彼特主义

熊彼特在《经济发展理论》中提出的"创新驱动经济发展"的思想，在充分借鉴其他经济学理论、系统理论等理论要素的基础上，逐渐形成新的理论分析框架：新熊彼特主义。新熊彼特主义在继承熊彼特聚焦创新在经济增长中驱动机制研究的基础上，将创新置于经济增长影响因素的关联机制网络中的核心位置。新熊彼特主义认为创新有连续的创造性破坏效应，是社会需求引发技术扩散与技术创新突破社会边界的双重建构过程，将会对生产结构、劳动力结构、经济结构调整产生影响。新熊彼特主义将市场机制引入创新驱动中，认为技术创新是一项商品，存在供需、价格机制。所谓的供需就是指由于市场的主动需求或政府的主动推动使得技术创新成为一种需求，有市场主体自主研发或科研机构的研发作为供给。而价格机制指供需的不平衡或平衡所引发技术创新的变化。在研究方法上，新熊彼特主义通常以某种新技术的出现和发展的详细案例研究为基础，从而推导技术变革发展和传播的复杂机理。其主要聚焦于：致力于助推技术扩散与技术驱动经济发展的技术创新经济学；制度创新与技术创新的关系研究；知识维度的创新扩散机制研究；国家创新系统构建等。

1. 致力于助推技术扩散与技术驱动经济发展的技术创新经济学

新熊彼特主义深化了熊彼特关于技术驱动经济发展的理论结论，将研究重点从技术创新是否能驱动经济发展转化为如何驱动经济发展的机制研究。因此，新熊彼特主义深入技术创新、技术扩散、技术经济价值转化的复杂过程，从理论框架构建与实践经验总结的双重维度识别与测度上述过程的机制轨迹。新熊彼特主义重点关注助推技术扩散与技术驱动经济发展的"政产研"系统在技术创新、扩散与变迁的主体作用，特别是"政产研"系统以中心的网络系统对技术的商业价值转化与市场需求结合的行为互动机制。

2. 国家创新系统构建

技术创新特别是基础性的技术创新有公共产品属性，而且创新有风险与收益的不对等性，因此，技术创新、扩散、搜寻不能单纯由市场机制诱致。技术创新的"市场失灵"需要构建国家创新系统框架，以通过政策设计、注意力资源配置、经济利益诱致等弥补市场机制资源配置的不足。新熊彼特主义在国家创新系统构建的理论主要关注创新主体构建与创新促进手段构建两方面。

（1）新熊彼特主义在国家创新系统中的创新主体构建主张构建"政产研"的多主体系统。从区域创新系统的演进来看，政府、企业、研究机构是内嵌于创新产生和扩散网络中的主体，是引发创新扩散、产业结构变革的关键变量，也是解释区域创新发展绩效差异的常用变量。新熊彼特主义通过研究过往创新产生与扩散的案例，力图在更宏观的水平上探究如何从政策设计上主动构建"政产研"的多主体系统以促进创新的产生与治理。在这种理念的支配下，新熊彼特主义者们注意到：在"政产研"的多主体系统基本架构背后，存在主体构成结构差异。因此，他们对不同"政产研"的多主体系统影响创新产生与扩散的差别给予了重点关注，试图阐述具体"政产研"的多主体系统在创新产生与扩散所引致的经济结构变革与社会变迁模式的因果机制。不同的"政产研"创新系统按照其创新系统的运作引擎及框架内主要主体之间的关系可以分为不同类型，而且每一种类型在新要素嵌入创新系统后都会有新的变化，但是创新系统的"政府－产业－研究"多元主体对如何达成创新的集体行动产生了可识别的机制。这种达成集体行动的可识别机制是有效助推技术创新产生和扩散的知识类型、网络架构、治理模式的融合。"政产研"的多主体系统促进创新作用的发挥并非自动发生，它与政策设计、制度框架完善、组织流程优化和关系网络架构等有关。因此，新熊彼特主义从研究如何构建"政产研"的多主体系统角度来探讨创新的作用。

（2）新熊彼特主义在国家创新系统中的创新促进手段主张构建以激励机制为主的促进体系。新熊彼特主义在国家创新系统中的激励机制的设计以利益激励与创新能力提升为主。利益激励手段主要指为促进创新系统的演化发展，主要通过改善创新收益、项目制的资源输入等手段制造创新机会以拓展特定产业的技术可能性边界和企业创新能力提升的资源配置。从抽象的理论层面看，利益激励与创新能力提升等创新手段的构建旨在实现创新系统创造力由嵌入到内生的转换，这种转换要求政策设计者必须对创新系统多元主体网络构建与要素协同机制有深入理解。而创新系统中的"政产研"多元主体存在对网络关系构建配置资源的多寡、利益侧重点与运转逻辑的不同，因此，促使"政产研"多元主体进行知识扩散，实现知识－技术－价值转换的联结性是技术创新政策的重要目的。

3. 知识维度的创新扩散机制研究

新熊彼特主义集成了熊彼特主义的研究方法，并尝试打开知识累积与创新在区域或产业集群中的扩散机制黑箱。新熊彼特主义认为技术扩散有隐性知识与编码知识的区别，隐性知识是在特定技术边界范围内长期累积形成的有技术锁定性的高度异质性资产，因传递壁垒与传递成本因素形成的企业独具优势的战略性资产的重要组成部分；编码知识是将知识以编码的形式呈现为可辨识与易传播的结构化内容。知识维度的创新扩散机制研究主要聚焦于如何使两种知识生成互补性组合效果以促进知识产业化转化。这种知识扩散互补实际上是产业集群内高度专业化的知识通过组合优化实现的创新生成效果。当然，这种创新效果的生成必须以"技术市场"资源优化配置机制的发挥为基础条件，以解决创新收益激励与知识扩散障碍之间的矛盾。

新熊彼特主义对熊彼特创新理论"创新是经济发展与社会变迁的核心来源"的内核予以复兴与拓展，并深刻影响了许多国家的产业政策制定。创新范式在理论与实践互动中逐渐从最初的"需求牵引"和"技术推动"的线性创新范式演化形成跨学科、跨资源配置机制的网络合作关系模式，比较典型的如弗里曼的国家创新系统研究、亨利·埃茨科威兹的"政产研"三螺旋模式等，其理论成果呈现理论交叉性与综合性，并着重以实证研究探究知识生产、扩散和资本化新形式的研究趋势。

三、总结

无论是古典经济增长模型还是新古典经济增长模型，结构主义经济学理论都承认产业集群、创新驱动、区域协同在经济增长中的重要作用。只不过在不同的增长模型中赋予不同要素的重要性有所不同，这多源于采用的分析框架所采用的理论视角的差别。

基于经济增长模型增长因素的分析求解经济增长因素的关联机制。经济学研究热衷于建立模型来表明理论分析框架对于探讨事物发展机制的重要性。随着经济增长模型探讨角度向结构主义、文化制度的倾斜，对技术变革及促进技术变革的制度和机制的探讨成为分析经济增长源泉的突出议题。这些理论强调技术的扩散传播在经济增长过程中的决定性作用。相比之下，传统经济增长模型尽管也强调技术进步在经济增长中的作用，但更加重视可积累的资本和不可积累的劳动者两个因素。在真实的需求导向型动态经济环境中，技术、人力资本、投资在促进经济增长中其实是三个密不可分的因素。从理论视角重新去审视这个例子，传统经济增长理论认为投资的增长是由市场规模驱动的，特别是全球市场的开拓及贸易自由化能够推动和增加市场购买力提升和多样化产品的需求，这种趋势是与单种商品或单个市场出现的饱和规律相悖的。基于市场规模扩大驱动技术、投资、劳动力进而促进经济增长，这导致了产品多样化和竞争性价格的形成的良性循环。产品结构丰富的需求及更有竞争力的价格加速了技术创新、制度创新和组织创新。这三种创新的加速需要在研究人员的结构构成改善及科技的跨域网络联盟中对技术交换的发展下进行，这已经成为提高技术外在效应的途径。

第四章 区域经济发展动力转换中的产业集群网络机制构建

产业集群包括产业规模化、产业链条化两方面。产业集群的形成过程就是产业通过内部厂商群体完成产品或服务价值形成、增值、实现的过程。马歇尔认为自然有机体、社会有机体的发展都需要经过内部原有技能增加的分工模式与外部技能合作扩展的协作模式两条路径。内部原有技能增加的分工模式通过资产专用性增强、职能的专业性深化、专门机械的使用、管理职能的专业化分工实现。外部技能合作扩展的协作模式基于合作理论与组织理论形成产业链条与产业规模化，主要基于组织权威的形成与市场交换机制的嵌入。产业集群中的企业通过产业链条形成利益依赖或组织化协作，实现某种程度的"整合"。产业组织理论、交易费用理论、企业能力理论、公共池塘资源理论都为产业集群整合研究提供了思路，通过综述这些理论找寻有益理论元素能够为产业集群整合或生成提供实践支撑。

一、产业集群研究的理论基础

（一）基于分工与规模经济的传统产业组织理论

产业组织理论的立论基础在于分工专业化带来生产力的提升与规模的扩大。《国富论》详细分析了分工的好处：分工使得人力资源专业性投资增加，使得专业技巧更加娴熟；减少劳动转换时间从而提升整体效率；促使机械嵌入组织体系并促进更新换代。马歇尔在《经济学原理》中系统分析了通过企业集群或产业链条构建的组织化实现的规模经济性。规模经济指在既定经济、科技水平下由于生产体系优化、横向协作增强、资源的充分有效利用、地区与产业布局的合理化导致的平均成本下降的趋势。传统产业组织理论建立于斯密的分工理论与马歇尔的规模经济理论基础之上，其理论框架体现了这些基础理论的理论预设。

（二）基于规模经济与配置效率的产业组织平衡理论

在产业组织理论诞生的一段时期内，实践与理念层面产业组织理论的规模经济垄断趋势与完全竞争自由理念冲突剧烈，但随着实践操作优化与理念框架演化实现了规模经济性与资源优化配置的平衡。哈佛学派、芝加哥学派和新产业组织理论从不同理论视角切入，对两者逐渐趋于平衡的过程进行了分析。

1. 哈佛学派的结构－行为－绩效分析范式

哈佛学派在规模经济垄断趋势与市场竞争优势的悖论研究中发现，产业集中程度、壁垒难度、产品异质性程度等结构因素影响市场机制（价格与产量互动机制、资源配置效率机制）作用的发挥。谢勒通过分析结构－行为－绩效环节之间的影响与反馈效应及各环节内部的优化方向为规模效应与市场竞争平衡构建了具有实效性的理论框架。迈克尔·波特构建了基于买卖双方议价能力、产业进入者的威胁能力、产业替代者的威胁能力、产业集群内部竞争态势的五种作用力模型。产业集群态势可以通过分析这五种作用力模型进行适当定位。结构－行为－绩效分析范式认为基于结构到行为再到绩效的作用机制链条，资源配置的失效或低效源于产业集群中市场行为的失序或失衡，而这种失序或失衡的市场行为又是产业集群内部结构或市场结构错配的外在表现。基于结构－行为－绩效分析范式的证实结论，哈佛学派提出宏观调控的政策，主张政府通过政策资源倾向、行业政策利益诱导，微调市场结构与产业结构，使其趋近理想产业与市场结构，从而促进资源配置效率的改进。

2. 芝加哥学派的市场机制范式

按照哈佛学派的标准理论，产业集群是产业集群内部议价能力、产业进入者与替代者的威胁能力、产业集群内部竞争态势五种条件的最大化目标函数，其给出政策建议的依据是给定约束条件下的最优化求解的推理路径。这样的推理路径与真实产业集群态势相差较大。从真实产业集群态势来讲，产业集群的给定约束条件处于变化之中，不只是产业集群内部议价能力等五种理论框架条件不是给定的，甚至五种理论框架条件的理论基础都有情境的适用范围。芝加哥学派认为产业集群能力差异很大程度上表现为在市场机制作用下改变市场结构、产业集群内外部竞争态势的突破约束条件的能力。

芝加哥学派的市场机制范式是对哈佛学派聚焦产业集群结构－行为－绩效理性范式的反思。芝加哥学派主张将市场竞争机制中的价格发现机制、资源配置机制作为分析产业集群的基本范式，通过市场竞争机制的"生存检验"，企业通过效率优势积累利润和实现规模经济，进而成为市场结构的影响者或控制者。市场机制范式认为产业集群是市场这只"看不见的手"作用的结果，而不是人为预先设定的目标的实现，因此，产业政策的制定要采取审慎的态度。

3. 基于信息优势获得的新产业组织理论

新产业组织理论是基于规避信息不对称导致的产业链条或产业集群的逆向选择问题与决策偏差问题产业上下游进行的纵向合并或产业集群行为。由于产业集群是以市场机制为基础的机制作用的结果，因此，整个产业集群在未形成时其资源配置呈现随机性，而且价格机制引导下的资源配置具有滞后性，这一时期信息在企业内具有极大不对称性。另外，从产业链或产业集群的角度看，资源配置的混乱失序使得价格机制发生扭曲，价格扭曲所形成的利润损失成为产业集群形成的动力。基于规避信息不对称、实现资源优化配置及校正价格扭曲、实现利润的内部化促使产业集群形成。

（三）交易费用理论的研究

交易成本理论是罗纳德·哈里·科斯在《论企业的性质》中提出的以交易费用理论框架为分析单位，探究交易成本与组织形式如何适配而总结构建的理论框架。交易成本理论认为适宜的交易组织形式是使交易内容与交易对象的信息搜寻成本、交易议价与决策的形成成本、违约处理的可能成本等的总和最小化的形式。产业发展及其关联产业主要面临环境限制约束与决策主体自身非客观原因导致的有限理性，利己策略倾向与博弈结果导向导致的投机主义，交易不确定性与复杂性致使交易风险升高，信息不对称与竞争气氛的营造使得信任成本上升等困境。科斯在分析的基础上认为通过将交易成本以科层制关系内部化从而进行成本管理或者以利益链接、资源整合的方式建立产业集群或产业链条，都有利于降低交易成本。

（四）基于企业能力研究的产业集群理论

企业能力理论认为企业是将要素转化为产品或服务的反应装置，不仅是可以观测到的组织系统，更是知识体系的集合体。而产业集群也并非契约理论描述的那样，仅仅是企业间以契约为纽带形成的产品或服务的集成装置。从知识与能力的角度观察，产业集群是异质性效用生产要素集合而成的结合体，生产要素的潜在效能的发挥由产业集群内知识体系的集成水平决定。所以，产业集群水平的差异实质是产业集群内企业有效利用生产机会的知识积累及知识体系的衔接水平。

产业集群是异质性企业能力、异质性生产要素、集群的价值创造整合的产物。产业集群内部的企业能力本身是目标指向和能动能力的产物。高阶能力的企业间由于竞争关系的存在，在初期缺乏形成自动有效组织化产业集群，在长期竞争过程中能力载体间相互作用，通过竞争性协同和特殊性协同逐渐形成不同能力紧密结合的价值创造共同体。企业能力的培育实质是建立和垄断某种生产资料从而获得不可模仿的可持续竞争优势，并将这种竞争优势转化为利润来源。

二、区域经济发展动力转换场域中的产业集群的失序

（一）产业集群内失序的界定

区域产业集群鲜明的地域特色、复杂的人际关系网络、相似的技术起点致使产业集群内部技术差距难以拉开，容易导致产业集群的"失序"状态。比较典型的例子如区域内特定产业集群在媒体关注下迅速成为当地新

兴产业集群，吸引产业集群外部为利润而来的门外汉大肆攫取产业集群品牌、技术的使用权，从而导致产业集群中榨取品牌、技术价值的人多，维护品牌、技术价值的人少的局面。产业集群中的企业都知道品牌价值、技术等将由于过度使用而枯竭，但是区域经济发展动力转换中的主体却缺乏这种意识，因此，要建立改善共同结果的公认的秩序维度来解决产业集群技术的供给和分配矛盾。

（二）产业集群内失序现象内在机理的剖析与诠释

1. 产业集群内失序现象内在机理的剖析

产业集群内失序现象内在机理剖析最基本的作用就在于抽象化、象征化地分析产业集群内多元主体的行为规律，对其行动偏好、策略选择进行纸上推演，以匹配相应的理论进行实践困境的求解。

产业集群内的失序现象，从主体分类的角度看，实际上是产业集群内龙头企业、产业集群内其他企业、所在区域经济管理部门共同博弈的结果。

（1）龙头企业消极创新的无奈。在产业集群的形成与发展过程中，龙头企业投入大量资源进行了市场开拓与技术创新，但是由于技术壁垒的存在及专利保护的局限和出于收益比的考量，影响了企业后期的技术投入。此外，龙头企业单靠自身力量与治理手段难以维护产业集群的秩序。

（2）产业集群小企业"搭便车"逻辑与"技术创新"逻辑悖论。产业集群内的其他企业通过实践经验总结会发现在技术创新、投资方向上采用"随大流"与"搭便车"策略便是最优策略，而众多这种策略的集合便会导致"产业撞车"及对集群内秩序的破坏，对产业集群未来发展产生不可逆转的影响。

（3）区域经济管理部门政绩需要与治理资源不足的悖论。区域内产业集群的形成与发展是区域的名片，也是区域经济发展考核的需要。然而区域经济发展动力转换中的产业集群发展是一项涉及经济效益、社会效益的系统性工程，需要从政策设计、资源投入、激励机制、持续发展等方面进行系统治理才能取得实质性成效。在区域经济发展动力转换背景下，区域经济发展管理部门却面临有限资源投入与注意力配置的瓶颈，使得区域经济发展动力转换场域中的产业集群出现治理需要与资源不足的矛盾。

2. 基于公共池塘资源理论对产业集群"失序"进行求解的可能性

产业组织理论、交易费用理论、企业能力理论等理论从不同视角建构产业集群并整合形成动力机制剖析，从理论研究的角度通过综合梳理似乎就可以通过实现观察解构产业集群视角的"综合"。但是随着风险社会、知识经济、网络经济时代的到来，传统理论构建基础中的技术与实践已经发生极大变化，特别是原有网络关系在新技术、新观念的嵌入下呈现放射状迭代，知识报酬递增效应使得如何达成集体合作成为产业演化的中心问题。所以，研究范式必须重新构造，已有的产业集群的有益理论元素在新的时代面临新的检验，需要产生新的整合理论以适应时代发展。

由于实践困境催生理论发展的需要，公共池塘资源理论被引入制度分析学术研究与实践操作中，使得以往偏重理论描述性的制度研究得以重新进行。其主要研究多元主体场域中实践与理论的双向互动关系，并根据场域的特点从既有的规则集中调用模块进行规则集的再设计。规则集是市场效率机制、政治等级机制、社会网络机制的捏合复杂机制体系，其主要向公共池塘资源提取者嵌入提取方法与产出分配的协议等新制度资源，以维持或提高资源生产力或使资源避免破坏性开发。复杂机制的设计则依赖于对所应用场域的情境分析、博弈分析，特别是对抑制集体行动（产业集群在本质上是一种集体行动）达成过程中的出现的策略行为和机会主义行为分析。

三、区域经济发展动力转换中产业集群的网络治理机制构建

基于产业集群理论体系及产业集群"失序"的分析，同时借鉴公共池塘资源理论研究成果，认为产业集群的强市场属性与产业集群多元主体构建的公共性决定了产业集群治理要建构包括组织架构与治理规则的复合秩

序。产业集群治理框架的组织架构是指产业集群技术治理框架的构成主体及各主体在技术治理过程中的联系及其功能的协调运行，包括权力来源机制、学习创新机制、激励约束机制、利益协调机制。产业集群治理框架规则是由产业集群内部各技术使用成员共同制定、公认或经过产业集群多年的竞合逐渐形成共识产生的，治理规则是对治理机制的具体运用。

（一）治理机制构建的基础：公共池塘资源理论框架

公共池塘资源理论主要从公共池塘资源的提取与供给维度探讨如何形成公共池塘资源治理的秩序。其理论框架如下：

（1）公共池塘资源的提取问题主要从提取的外部性、分配问题（技术的分配与地方标志品牌的分配）、技术的外部性三个方面分析。提取的外部性是产业集群资源的有限性会导致场域内多元主体的排他性占有。分配问题是指产业集群空间的有限性将会造成多元主体在行为策略上的"撞车"，从而加剧竞争与产业发展的无序。技术的外部性是指公共池塘资源的部分提取者采用新的技术使采用其他技术者的成本增加或收益下降。

（2）公共池塘资源的提供问题主要从公共池塘资源的提供成本与受益者范围来考虑产业集群对技术、公共基础设施、产量等最优规模与生产性质的设定。设定的必要性在于如果不对产业集群最优规模、生产性质进行设定，将导致劣币驱逐良币，使得产业集群失序。这种设定需要产业集群内多元主体形成共同体，共同推进产业集群制度供给，将混乱、失序的产业集群秩序改善为通过无限次小的具有建设性的桌面谈判博弈而构建的善治秩序。此外，还需要通过建立规训与激励的规则并嵌入降低交易成本以协调组织行为，使得共同体维持产业集群可持续发展的秩序。针对产业集群的失序，依据公共池塘资源理论可为产业集群内的"失序"提供包括组织架构与规则构建的方案设计。

（二）产业集群组织架构设计：多中心治理组织架构

1. 以龙头企业主导建立产业集群协会

根据前述分析，产业集群之所以会出现"失序"，原因就在于场域内除策略博弈外其他互动渠道的缺失。因此，需要在产业集群内部对龙头企业进行激励，使其建立能够解决公共池塘中资源配置、策略建立、沟通互动的产业集群协会，从而为建立能够经过多元重复博弈检验的秩序提供组织架构载体。

2. 在产业集群协会组织架构中嵌入智库、专家的智力支持

产业集群协会组织架构需要嵌入智库、专家的智力支持。为有效解决产业集群治理的"公共池塘资源困境"，有必要利用智库、专家的力量在规则内发挥作用。因为产业集群内部规则是社会资本的重要组成部分，是在很长时间内通过重复博弈积累的共识。通过智库、专家的力量有助于实现其他产业集群规则的知识迁移，降低知识学习成本；智库、专家通过对以往产业集群规则的总结与提炼，可以有效帮助产业集群内部各参与方充分理解各种策略行动的后果，减少产业集群技术治理情景的复杂性；智库、专家对于产业集群技术治理策略的预判能够有效促进产业集群内的多元主体对产业集群资源结构、策略结果的理解。

3. 组织架构外经济管理部门的监管设置

在产业集群治理中，产业集群外的经济管理部门主要行使社会性监管职能。社会性监管是采用公共政策纠正市场交易双方在交易时产生的由第三方或社会全体支付的成本和由于信息不对称造成的信息弱势群体承担成本加重的情况，如环境污染、噪声污染等。特别需要指出的是，组织架构外经济管理部门通过产业政策等激励机制进行监督将大大提升产业集群发展的可持续性。

（三）规则设计：产业集群治理规则的设定

根据公共池塘资源理论，产业集群治理框架规则是提炼产业集群多元主体竞争与合作的经验，将经验中的治理机制形成规则并嵌入产业集群治理中。规则主要包括明确的边界规则、分配的权威规则、活跃的监督制裁规则、弹性的触发策略规则。

1. 明确的边界规则

明确的边界规则是解决产业集群技术治理问题、提取外部性的重要举措，即有效界定使用者的数量，从而有效锁定产业集群内部个体的平均收益。面对类似产业集群，可以采用申请地理标志商标或采用产业集群协会标志背书的方法，而这些背书的使用产品范围都要有明确的边界规则，即主要对生产范围、生产技术、产品范围、协会成员认定等做出明确规定。

2. 分配的权威规则

权威规则通过配置空间、资本等资源的能力获取决定资源是否注入、资源流量与流向的权限。分配的权威规则是设计产业集群内部技术创新激励制度的基础，能够有效解决产业集群混沌状态下由分配问题与技术外部性带来的效率低下问题。产业集群分配的权威规则可以通过产业集群内部竞价拍卖制度、产量限定、技术含量限定的方式分配提取技术的权利，减少产业集群内部技术同质化严重所引发的冲突，降低在同一空间使用相互损害技术时可能带来的成本。

3. 活跃的监督制裁规则

活跃的监督制裁规则是产业集群技术治理有效运行的保障。与传统的监督制裁规则不同的是，在产业集群内部建立活跃的监督制裁，主要目的在于使产业集群内部各成员对产业集群内部违规行为引以为戒，如果继续违规，不仅会对其社会资本有所伤害，还会面临更加严厉的制裁。

4. 弹性的触发策略规则

博弈的双方一方采取不合作或破坏合作的策略，另一方也采取不合作或破坏合作的策略进行反制，从而使双方失去合作的可能，这样的策略称为触发策略。触发策略存在一方主动采取和双方存在误解而启动两种情况。在产业集群的技术治理过程中，由于产业集群联盟的松散性及联盟成员强烈的获利动机，为维持产业集群技术治理的生态平衡，要采取弹性的触发策略，主要包括：通过定期的产业集群内部交流达成龙头企业与产业集群内部其他企业可接受的共同协议；技术回报率扩大互惠以建立产业集群内部对协议的信任；以培育系统内的社会资本、浓厚的信任与合作氛围来代替严格的触发策略。

第五章 以创新驱动区域经济发展动力转换

一、创新的内涵

亚当·斯密在《国富论》中虽然没有提到"创新"字眼，但对创新却有经典的论述："机器的一切改进都不是偶尔使用机器者的发明。当机器制造成为某一特殊行业的任务时，许多改进都是靠制造者的聪明才智来实现的；还有一些则是由那些称为哲学家或善于思考的人完成的，他们的职业是什么都不干但什么都观察，而且他们能够把相距最远、最不相似的事物的力量结合在一起。在社会的进步中，哲学与思考同所有其他工作一样，是某一特定阶层的公民的主要或唯一职业。同其他工作一样，它可以分成许多不同的分支，每一分支又为某特定群体或门类的哲学家提供职业。这一哲学上的以及其他业务上的分工提高了工作的熟练程度并节约了时间。每个个体在其具体分支上会变得更加熟练，工作会做得更多，而科学的成就也会因此大量增加。"① 由此可见，创新在产业发展、经济增长中的关键作用。因此，探讨"创新"在区域经济发展动力转换中的作用有较强的理论与实践价值。

经济学对于"创新"概念形成了"熊彼特范式"。"创新"的理论探讨一般从熊彼特《经济发展概论》对创新的概念进行引申，熊彼特在其著作中提出：创新是指把一种新的生产要素和生产条件的"新结合"引入生产体系。它包括五种情况：引入一种新产品、引入一种新的生产方法、开辟一个新的市场、获得原材料或半成品的一种新的供应来源、建立新的组织形式。② 熊彼特的创新概念包含的范围很广，如涉及技术性变化的创新及非技术性变化的组织创新。

---

① 亚当·斯密. 国富论（上卷）[M]. 北京：商务印书馆，1972:8.
② 约瑟夫·阿洛伊斯·熊彼特. 经济发展理论（一）[M]. 叶华，译. 北京：九州出版社，2007:35.

综上所述，创新是以新的事物、方法、元素嵌入新的场域或原有场域内的事物以新的组织方式呈现新的效果或实现效果的提升，创新一定是一种新的观点产生、推广、实现的行为的连贯过程，且取得了有益的成果。出于鼓励创新的需要，熊彼特创新的定义特别强调首次应用效益的增加。所谓首次应用是指首次在特定的场域的运用，这种特定的场域可以是人为界定的地域概念或生产的一个环节。之所以将首次应用界定在特定的场域，是因为新的事物、方法、元素首次出现在世界上这样具有突破性的创新是可遇不可求的事情，过分强调在世界上的首次应用违背了熊彼特创新概念初衷。创新所强调的效益的增加说明创新的目的在于其创造性实践行为追求利益总量增加的界定，归根结底熊彼特所谓的创新是建立在如何促进经济增长的探讨基础上的，所以创新特别需要强调对事物之间关系的发现与再设计，进而实现利益总量的增加。

在创新的分类上，有学者相继提出技术创新、组织创新、文化创新、制度创新等分类。限于本书研究重点的需要，本书将把研究范围聚焦于技术创新与制度创新。

二、技术创新的概念

伊诺思 1962 年在《石油加工业中的发明与创新》中首次对技术创新进行了界定，认为技术创新是技术嵌入产业链条的综合过程，包括技术的发明、资源配置、流程设置、组织实施等链条环节的集合。林恩在前述研究基础上从创新时序角度将技术创新解读为受利益驱动产生技术商业化思路到技术产业化实现的整个行为过程。美国国家科学基金会在其 1969 年的研究报告中将创新定义为技术变革的集合，以问题为靶向嵌入新思想、新概念，最终使一个有经济价值和社会价值的新项目得到成功的实际应用。到 20 世纪 70 年代下半期，理论界对技术创新的界定放宽，将技术模仿与原有技术改进纳入技术创新范围，拓展了技术创新理论与实践的视野。20 世纪 70—80 年代，技术创新概念得到进一步深化，在应用的节点上形成系统结论，典型例证就是弗里曼从经济学"效率追求"的视角审视技术创新，突出强调技术创新的"首次商业化转换"与"利润的实现"。从技术创新概念的发展演化看，虽然学者在理论研究中均聚焦技术创新研究，但在研究视角上都将技术发明视作经济增长的源泉，技术创新研究的转折就在于重视技术在产业链条的首次嵌入与将技术模仿或技术改进同样视为经济增长的驱动力。综上所述，技术创新是为达成生产效能、效率的提高，由具有企业家精神的主体对生产要素、生产条件、生产组织进行的重新组合。

三、技术创新与区域经济发展动力转换的关系

技术创新和经济增长的关系历来是经济学探讨的重点内容。理论研究对于技术创新影响经济长期增长和生产率提升的影响机制从跨期比较、跨国比较角度进行了深入探讨。其中亚当·斯密的观点最具代表性，他认为技术创新所带来的效率优势吸引资本积累特定技术，使其成为驱动经济规模和市场开拓的启动性要素。因此，技术因素成为经济增长理论研究聚焦的因素之一，主要集中于探讨如何从资源配置效率优化角度推动技术创新，技术创新扩散的影响机制有哪些，技术创新中的产学研合作如何达成等。本书正是在经济学相关理论研究的基础上对技术创新驱动区域经济发展动力转换机制与阶段划分的探讨。

（一）技术创新驱动区域经济发展动力转换的机制

技术创新是产业升级的内在动力。当前区域经济发展面临着新形势：技术成为驱动经济、社会变迁的不可忽视的力量；技术优势竞争成为区域经济发展动力转换竞争的重要内容；对技术优势的追求催生了技术要素配置的区域极化现象。因此，新技术（技术创新）是区域经济发展动力转换"新技术、新产业、新业态、新模式"中的首要内在驱动力，区域经济发展动力转换对其存在撬动产业转型升级的迫切需要。

区域经济发展动力转换对技术创新的迫切需求需要从实践中总结技术创新与产业发展的演化互动机制。这是因为只有深入揭示技术创新驱动产

业升级的内在演化机制，才能根据技术创新与产业升级互动演化的阶段性、渐进性特征进行政策创设以驱动产业升级。根据前述理论，从技术创新嵌入产业链条的演化过程来看，技术创新要经过新技术嵌入、链条创新、标准制定、创新耦合、范式转换的演化过程，从而逐步推动产业链条渐进式跃迁。在区域经济发展动力转换的宏观框架中，以新技术（技术创新）为首要驱动因素，实际上技术创新驱动科技、经济一体化的过程，其动力生成来源于技术创新与应用需要和"双螺旋结构"共同作用催生的需要。

（二）技术创新赋能价值创造与获取

技术创新从改善价值创造与获取、拓展价值创造载体两方面赋能区域经济发展动力转换。具体而言，技术创新区域经济发展动力转换场域中多元主体以多种形式参与产业链价值创造与获取的载体与方式；技术创新通过促进生产要素在产业链中的集成和扩散与突破分工边界催生"跨界"新模式，拓展了产业链价值创造的载体。

1. 技术创新提升价值创造与获取效率

新熊彼特主义认为，技术创新是经济发展的持续性促进要素。这是因为技术创新经济发展动力转换提供了新生产要素的嵌入与传统生产要素的改进，成为价值创造与获取的重要来源。这种重要来源的证据来源于以下三方面。

（1）技术创新使产业链条跃迁、交易成本降低。技术创新为产业链条嵌入了新的生产要素或生产要素组合分化的节点，使得产业链条创造和获取价值的途径、模式发生变革，变革结果的累积驱动产业链条发生跃迁。此外，技术创新通过向产业链条嵌入新要素或导入新的链条节点，改善产业链条环节原有顺序、交易频次等，从而降低交易成本。

（2）技术创新使数据与信息成为产业链条的关键要素。技术创新协助分析价值链中具体环节的数据和信息，从而使快速、正确决策成为可能。这得益于数据存储、处理、挖掘技术的发展。

（3）社交、网络金融等技术的发展使社会网络与产业链条融合形成新模式（即社群）。社群是将有特定聚集结构的社会网络整合、延展成产业链条，从而借助其"流量红利"有效匹配要素的网络结构。其在形成过程中经历了两个阶段，第一个阶段主要是借助社交、网络技术，吸引原有社会网络形成社群并借助社群中个体形成网络链接节点并向外辐射扩大社群规模；第二个阶段主要是通过技术与社会网络的有机结合所进行的价值分配为社群的持续与发展提供接续运行动力。

2. 拓展产业链价值创造的载体

技术创新突破产业链内信息传播、专业分工、技术扩散的壁垒，促使产业链中资源、要素、价值形成新的链接。技术创新在上述过程中最重要的作用在于通过嵌入载体与创建社群将价值链扩展为价值网络。

（1）技术创新通过嵌入新要素拓展产业链价值网。技术创新元素在区域经济发展动力转换场域的嵌入弱化了原有产业分工的边界，为不同产业吸纳产业元素、形成新模式创造了条件。在技术创新所启动的跨界窗口中，不同的要素在新场域相互连接、重组，可以形成异质产业链间资源、能力、知识的聚集式整合，从而提高价值创造的效率和质量，获取整体竞争优势。

（2）技术创新催生社群成为新的要素节点。技术创新对区域经济发展动力转换的驱动更倾向于信息要素的传播与要素集成载体的创新。社群作为技术创新新的要素节点将用户与产业链供需关系转换为定制模式，定制模式又反向社群社会网络的增强与产品的高效扩散。这是因为技术创新以社群定制模式在用户需求和体验反馈中进行价值创造与获取。社群定制模式的价值创造与获取是在社群中将对价值需求的感知力与柔性生产能力嵌入生产要素中、生产变革驱动、产品生态深度构建的过程。

（三）技术创新驱动产业升级的阶段划分

从技术创新的历程看，技术创新可分为跃迁式技术创新与渐进式技术创新。跃迁式技术创新基于科学理论与技术的重大突破生成新产品、新技术的市场引入，相比以往，技术范式是革命性的创新。相反，渐进式创新是有缓慢的萌芽、发展、成熟等特征的 S 型技术生命周期曲线的演化过程。这两种技术创新都是对现有产品、市场、技术进行的知识拓展与改进，并在驱动产业升级的过程中形成了明显的五阶段渐进变迁的框架架构。这五阶段渐进变迁框架为技术创新驱动产业升级的要素配置、激励机制设定框架提供具体路径。

1. 技术嵌入

技术嵌入产业中的特定环节，是技术创新驱动产业升级的起点。这种嵌入包含新发明与新发现等创新要素嵌入产业链条和已存在的技术与知识在产业链条的首次应用两种表现形式。很明显，这两种表现形式都需要有动力驱动。实际上，技术嵌入产业特定环节正是市场需求驱动的结果。产业链条的参加者围绕市场需求进行了大量技术创新元素的试错式嵌入，从而在技术嵌入的绩效判断标准下形成多种新技术、新产品、新产业链条的竞争模式。

2. 链条创新

链条创新就是多种技术嵌入后，大量技术创新元素在产业链条场域中推动技术架构、产品架构在竞争碰撞中形成多样化的产品输出竞争，这种竞争的最终结果将重塑产业链条的技术集成。产业链条中多样化技术架构、产品设计建构推动技术产品在产业链生成。不同产品设计在产品架构、技术应用、价值载体与性能指标方面的诸多可能性丰富了产业链条跨学科的多样化创新的架构与链接。市场驱动的寻求技术匹配能力与技术产品的多样化推动产业链条与具体产业环节的创新。需要指出的是，产业链条创新的形成是技术因素、资本因素、需求因素竞争选择、共同作用的结果。

3. 标准制定

产业链条的创新趋向饱和以后，市场竞争进入以追求规模经济、效率经济求得成本下降的阶段，外在表现为产业链条的技术体系的标准化设定阶段。这一阶段聚焦结构、性能等方面技术指标的标准制定。标准制定阶段是技术创新驱动产业升级的关键阶段。这是因为技术创新后的技术体系的标准化形成产业升级的竞争过滤机制与效率提升机制，一方面标准制定随产业链条进行传导从而推动产业链条具体环节的递进式升级，另一方面技术体系的标准化推动产业链条纵向与横向的分工，并进一步模块化整合产业价值链以提升生产效率。

第一，标准随产业链条传导的递进式升级。具体产业链条的技术系统具有类似生态的层级性，即技术由核心技术、关键技术、通用技术的系统构成。技术标准的制定也是按照层级顺序递进式的升级过程，是以技术系统的具体层级作为起点扩散至整体技术系统标准传递的递进式升级的技术现象。技术标准制定主要围绕具体技术模块展开。从技术标准随产业链条传导的递进式升级中可以得出以下结论：一是标准制定是在整体技术生态系统下对产业链具体技术改进或新技术嵌入的规范化；二是整体技术生态系统标准与具体技术标准的互动为标准随产业链条传导的递进式升级提供竞争过滤机制与产业链的迭代升级机会。

第二，标准制定驱动产业分工，并模块化产业链条。标准制定驱动产业分工，主要体现在交易成本下降、技术扩散加速、模块化产业链条形成效率提升机制。交易成本下降主要指产业链条的标准化制定有利于产业链条技术形成标准化产品，从而降低产品在产业链条流转的接口间的对接成本与信息成本。技术扩散加速是指产业链条中的技术标准是技术优化、经济可行、实践选择三者框定的优化选择，技术标准本身就是产品生产、与产业链契合的产物，其技术溢出效应明显，有利于技术在产业链的扩散。模块化产业链条是指标准制定将对产业链条按照技术类似程度进行分类，从而驱动形成产业链条内的技术集群。

4. 创新耦合

新技术的嵌入是产业迭代升级的重要途径。而新技术其实是技术的集合体，其带来的不只是技术本身，更是新思想与框架、融入途径的借鉴、吸纳过程。从创新耦合的结果来看，一是以新技术嵌入形成新业态，如网络技术介入金融服务形成网络金融业态；二是在原有技术载体上吸纳创新形成功能扩展，如某企业打造的以自身核心技术为载体的智能家居生态，就通过吸纳技术形成技术耦合增强了自身技术扩展；三是技术耦合分化形成新产业，主要体现为异质型产业链交叉、重合形成新的产业结构，并在产业内部细分形成新的产业。如原有租车业务在网络介入后形成网约车产业；四是技术嵌入路径有典型借鉴意义可以形成新模式，如网络技术嵌入多种产业所形成的新经济模式。

5. 范式转型

技术驱动区域经济发展动力转换的范式转型主要指以新技术嵌入实现区域经济发展动力转换困境的突破，传统动力不足导致的经济增速与经济质量问题显著改善，标志着新一轮技术范式转型的开始。从技术嵌入驱动区域经济发展动力转换的演化过程看，传统技术范式驱动经济发展达到极限，经济增长驱动力陷入困境，成为技术范式转型的起点。所开启的技术范式转型的过程伴随新技术系统的嵌入、新生产要素供给、制度环境的适应性改善等深度调整，在制度创新与技术创新的共同作用下完成新的技术范式转型。

四、技术创新驱动区域经济发展动力转换的优化路径

（一）优化技术创新嵌入的模拟场域设置

在技术创新嵌入推动区域经济发展动力转换过程中助推了融合创新平台的迭代，这种创新平台作为工具的迭代既是技术创新嵌入推动区域经济发展动力转换的结果，又是有效助推转换的工具。技术融合创新平台截至2021年已更新至第三代，第一代融合创新平台基于经验验证模式，并形成知识设计、经验判断、试错修正、实践验证的产品迭代设计过程；第二代平台以"仿真驱动设计"为典型特征，依赖技术链条逻辑形成技术嵌入的重点改进环节与模拟场域；第三代技术创新平台借助大数据技术变革现有研发体系，将经过实践验证、数据模拟的可行创新技术纳入研发数据平台

进行碰撞以形成被验证、具有可行性的技术方案。因此，应根据技术创新的需要，有针对性地设置技术创新的模拟场域，并按照技术嵌入、链条创新、标准制定、融合创新和范式转换的演化过程，给予差别化政策引领，形成开放、多元、包容的技术创新培育环境与创新要素的供给制度体系。

（二）构建协同创新体系

在区域经济发展动力转换中技术创新驱动的发展需要有为政府和构建有效市场协同的创新推动体系。这种创新推动体系主要在产业共性技术突破、共用实验室建设、创新要素集聚、产业链条技术嵌入等方面进行突破。在创新推动体系中，有为政府需要运用政策试点、目标治理、项目定制等政策工具优化公共服务要素供给以满足技术创新的要素需求。有效市场是有效配置技术要素的重要主体，以其对市场需求变化敏感的特性推动创新体系的要素优化。因此，有为政府与有效市场形成有效协同机制，将从产业链条的全链条管理中同时发力推动技术创新和经济转型，形成区域经济发展动力转换的创新驱动的新样本。

（三）以流程再造、组织再造促进技术创新扩散应用

技术创新在新的场域的应用必须将流程再造、组织再造作为技术在流程内扩散的平行过程，这是因为技术在工业流程化场域内的应用需要保证技术研究、开发设计、工业生产和产品市场四个环节信息流通的顺畅。而新技术的嵌入往往使原有的管理结构、人际信息传递顺序出现难以适应新技术的流程化情况，新技术在场域内的应用只是完成流程基本步骤，而实现与新技术相适应的流程再造、组织再造却需要很长的时间。由于技术涉及的背景知识及自身理论架构的复杂性，在新技术嵌入普及过程中，通过技术提供者和技术使用者之间的平等交流和实验性探索技术嵌入困难、研究开发方法，明确用户需求，提升嵌入技术的用户友好程度。这种对于用户的友好包括：

新技术提供者与技术使用者通过浅显易懂的语言平等交流解释技术的

大致框架及与原有流程如何实现兼容。这是因为技术的开发者与未来的使用者存在技术框架及特点的信息、知识的不对称，用户定义和论述需求存在概念和知识的不足；技术提供方对技术使用方原有流程、组织架构的学习有滞后性，需要通过模拟原有流程以理解用户需求；用户友好的实现需要使用者高层支持，因为技术用户友好的实现需要生产系统的重组以适应全流程环节的特定需求。

主导性技术发展利用了特定阶段新的技术和经济机会，是一体化技术网的集中展现，技术嵌入效能的发挥取决于其所依托的一体的技术网络集合效应的有效发挥，需要使用者流程、架构的再造才能引发新技术全部潜能的各类技术创新所包含的长期效应。随着组织架构和流程的再造，以新技术的嵌入实现技术经济可行性、实现新技术迭代，原有技术促进了新系统的逻辑性的自我验证。但是需要引起重视的是在新技术使用过程中不断探索，面临技术嵌入原有系统的技术难度和技术风险，应该强调推广过程中的"干中学"效应及新技术嵌入提高生产能力可能性，实现的时间滞后性。

1. 以公共技术产品供给优化技术系统应用路径

实践与理论的区别在于有价值的实践观点被理论吸纳成为学术共同体所共识的理论需要时间的积累。实践中有价值的知识整合在多种情况下是独立于正规增长模型运行的。观察实践发现，国家、地区、产业发展历程的多样性表明了技术发展路径的重要性，都存在普遍的马太效应，即具有技术先发优势的国家、地区、产业以发展途径及机会的锁定、高效的技术到经济的转化方式对技术后发地区产生竞争性排斥，而且工业化生产所具有的规模报酬递增效应将加剧这种竞争性排斥。这种竞争性排斥源于构建其的基础资本、技能与知识的再生产等因素。很明显，将产业链中的卡脖子技术、基础技术以公共产品的方式提供以促进技术在地区、产业的普及，为产业、地区发展不平衡的技术锁定矛盾提供了极重要的解决方案。选择这些产品作为一种突破口的可能是启动发展及确立经济发展进程的唯一选择。这与传统的依靠投资和基础设施布局改善吸引外来技术嵌入的思路有所不同，其将关注点置于如何破除知识和技能上不足的制约以打开国家、地区、产业技术跃迁的机会窗口从而进入良性循环。但是需要注意的是对技术的选择要慎重评估技术前景，以减少因引入技术缺乏前景陷入技术变迁赛道上"引进即被淘汰"陷阱的危险。尽量选择通过积累、创造和改进能够升级成为新产品或新工艺的技术。

2. 构造基于知识–组织的技术协同创新生态

熊彼特提出创新理论后，对创新理论的丰富和发展在充实经济学研究的基础上也完成了自身理论的建构。其中具有典型意义的是20世纪70年代，从生物进化理论框架借鉴吸收有益理论元素所创立的创新演化经济理论，从系统进化角度研究创新生态机理技术创新、制度创新的融合，在技术协同创新生态中构建基于知识–组织的技术协同创新生态。

知识是在协同创新生态中的转移、集成与再创造的过程，是在知识使用过程中产生的头脑风暴式的多方面知识的碰撞、反馈、重组。碰撞重组后的知识协同的效能取决于协同创新生态内主体间合作意愿、合作各方文化亲近性等，这个过程也能减少合作各方管理冲突、减少知识转移中产生的信息破损。实践中主要通过"干中学"的组织学习机制设计或借助社会学习机制助推知识迁移来弥补内部知识落差，提高知识协同多方的利益共享。特别是注重通过活动、项目的形式将组织内部知识互动的场域拓展至协同创新网络，实现知识跨域共享。

技术协同创新生态是一种混合型跨组织生态，既要有大树一样的生态角色，又要有小草的创新活力供给者。由于协同创新生态内涵利益目标异化的创新主体，协同创新生态需要进行管理机制与组织架构设计。这种优化设计要注重以下原则：提升协同创新生态中的链接节点数量与布局。理论研究表明，组织网络预期收益与网络内链接节点呈正相关的指数关系，即协同创新生态中利益链接节点的数量能够优化组织网络的创新绩效。通过利益链接、信息交流创造共享的场域共在，实现知识使用者与知识发送者问题导向的反馈闭环，积累、校正、放大协同创新生态中知识所具有的阐释技术理论、指导技术实践的功能。

五、制度创新的内涵

生产领域的技术进步和制度创新都有熊彼特所谓的"创新"意义。生产领域的制度创新旨在减少生产环节的磨合损耗以降低生产的交易成本，而技术创新旨在从产品的直接成本入手降低成本。制度创新研究的重要学者诺斯在《制度、制度变迁与经济增长绩效》一书中认为其主要贡献在于研究了生产的制度结构，将主流经济学关于价格供求确定的原则进一步延伸至关于供求是如何影响生产的制度结构的研究，而最新的新制度学派的研究则集中于生产制度结构的选择如何受交易成本结构影响。

关于制度创新有必要区分规则的创新与习惯向善的变迁。规则的创新是需要规则利益相关方达成合意的，并且这种合意的达成通过需要合法的形式，如通过政策的颁布、代表会议的召开。习惯的向善变迁是一种文化层面的改善，是隐形的制度规则约束。以下做详细说明。

（一）规则创新

规则是被群体所公认的界定群体内成员责任、个人决策"选择空间"边界，以惩罚机制保持约束力，以衡量投入产出的水平进行激励的显性机制。而规则的创新就是为了改进规则内涵的组成部分，如群体成员整合、成员责任的重新界定、选择空间的调整、惩罚与激励机制的改进或者是引入全新的规则。

（二）习惯的向善改善

汪丁丁认为习惯一词可定义为所有在正式规则无定义的场合起着规范人们行为的作用的惯例或作为"标准"的行为，习惯与该社会所有生长的文化有密切联系。[①]因为"习惯"有两个来源：一是没有成文规则的场域

---

① 汪丁丁.制度创新的一般理论 [J].经济研究,1992(05):69-80.

中人们迫于从众压力标准的行为，这些行为来源于前人、多数人、年长的人的标杆行为。二是通过文化的积累传承与扩散传播的纵向与横向路径传授给其他人，并影响其行为。两者在质都是文化在人际间的积累与筛选过程。从这个意义上理解人每日的行为是调动自身积累的文化应对每日的任务从而实现生存的过程。诺斯称这种由于人类的理性将重复出现的应对环境特性出现的行为固定成为习惯，因此，习惯含有环境的约束及人行为选择的信息。

（三）由嵌入到内生

制度创新嵌入形成促进经济发展机制的内生作用在于改善群体运行秩序，即区域经济发展动力转换必然存在于复杂的经济利益链接关系中，而经济利益关系链接的优化在于使人们相互协作、互利共生。自亚当·斯密揭示了"看不见的手"对资源的优化配置机制后，交易的制度创新便显现为市场通过供求、价格、竞争三种机制所实现的个人利己动机产生的有序、有效的客观公共效果。哈耶克将以市场机制为载体的创新称之为"自发的秩序"，这种秩序有三个特点：行为人所不曾存心、预见的结果；从历时性角度看，有序、有效的客观公共效果的总和形成一种能被人心所理解的好似"看不见的手"布局的秩序；秩序以自然而又使秩序参与者感到可取的方式产生善果。[①] 实际上，经济学理论研究的重要功能就是研究经济发展机制的因果驱动机制，因此，制度创新的人通过制度设计促进经济发展动力转换机制的内生。

六、制度创新的一般过程

制度创新的动力来源于哪里？这是分析制度创新一般过程时首先需要分析的问题。熊彼特在提出创新理论时曾抽象出具有循环特征的经济形

---

① 哈耶克.自由秩序原理[M].邓正来，译.北京：生活·读书·新知三联书店，1973（4）：107-231.

态，并从循环的经济形态中发现超常利润与创新之间的因果逻辑，具有循环特点的经济形态，其特征在于由习惯主导的循环的确定性，习惯因为被群体所熟知与遵守的交易成本最小化而得以持续。在循环经济形态中，偶发的组织流程改造等制度创新使得特定组织获取超常利润，超常利润成为其他组织接受制度创新扩散的激励，循环经济形态也被打破。

众多制度创新创造超常利润的案例和事实将使超常利润与制度创新的联系成为社会共享知识，此时追求超常利润的需求将激发制度创新行为。在这个阶段超常利润成为制度创新的预期结果与激励动机。而在这其中，交易场域所习惯的交易行为的技术特征和交易行为所在场域环境决定了交易成本的特征。因此，通过超常利润激励降低交易成本的努力的演变总是先从"习惯"的非正式约束的微小改变开始。

七、制度创新的两种路径

（一）文化习惯的渐进改善

文化习惯的渐进改善之所以是制度创新的经典路径，是因为文化是一定区域为人们所共享的习惯的信息载体，其所承载的信息能够有效降低交易成本。文化习惯视域中的制度创新有以下特征：一方面，存量结构决定了制度创新场域中流量的性质，如区域的制度禀赋、资源禀赋在不同区域经济发展动力转换的比较优势决定了未来区域经济发展动力转换的方向。另一方面，新的资源配置、注意力资源等流量在区域经济发展动力转换的方向性投入，加强了存量原有的结构，形成道路依赖与资源叠加。因此，旨在实现制度创新的文化习惯的渐进改善需要首先找出所在场域的"习惯"的种类，其次要研究文化习惯的加工、积累及其结构，然后才能在制度创新的边际上有所演变。

（二）规则层次创新以减少交易成本

诺斯认为："制度是一个社会的游戏规则，更规范地说，它们是为决定人们的相互关系而人为设定的一些制约。"① "制约"包括群体内关系有序化演进在利益分配与冲突解决上所自发形成的规则、习俗，也包括由外部强制力量实施的法律、政策等正式的规则约束。亚当·斯密认为创新规则本质是为生产流程、合作组织等的协调分工机制作用发挥减少决策的不确定性，减少工作转换、知识积累、工具改进的交易成本。因此，规则层次的创新出于集体利益最大化的考虑，所嵌入制度的设计应朝向通过减少不确定性、降低交易成本、创造合作的条件实现有限资源利用的帕累托改进。而现实中新旧制度的磨合所带来的社会心理波动、交易成本的上升等往往致使改进偏离了理想的方向。因此，旨在提供制度、秩序供给的区域经济发展动力转换政策设计需要顾及区域经济发展动力转换场域中的原有制度资源效应，并对新的制度激励机制的适用性、不同制度激励机制的兼容性进行检验。据此，理论研究有必要聚焦环境变化和制度变化的互动关系、制度和行为之间的因果链条，从而能够高效应用政策工具激发区域经济发展动力转换中的制度创新。

---

① 道格拉斯·诺斯.制度、制度变迁与经济绩效 [M].刘守英，译.上海：三联书店，1994：3.

第六章　区域经济发展动力转换战略框架下区域合作治理的探讨

当前我国地区间区域合作治理框架已初具规模，且多以合作协议或合作论坛的形式呈现。区域合作治理是推动区域协调发展的重要力量，更是区域经济发展动力转换的重要方向。而如何有效实现区域内各种力量的利益协调以促进区域合作治理从政策层面走向实践操作是实践中急需解决的重大问题。在这方面，公共性理论、集体行动理论、社会网络理论都为区域合作治理寻求高效、可持续的模式提供了有益理论借鉴。但是，也应看到当前的区域经济发展动力转换处于网络社会、风险社会的复杂进程中，风险交织、利益互动的高度复杂性使区域合作中的单一主体治理的回应效能降低，因此区域合作更应强调多主体的合作与互动以实现区域整体利益的优化。

一、区域合作治理框架概述

（一）区域合作治理框架的特点

区域经济动力转换语境中的区域合作是由政府主导设计的区域利益相关者参与协商解决区域经济动力转换的机制设计。其特点体现在如下三个方面。

（1）区域合作治理框架是政府主导的多元主体参与的区域合作框架。

（2）区域合作旨在实现跨区域利益相关者达成集体行动以促进生产要素跨区域高效流动与生产要素布局的优化。

（3）区域合作重点是制定跨区域的合作机制以实现区域经济动力转换。

（二）区域合作治理的要素分析

区域合作治理框架内含三种要素，即场域共在、主导权威和网络链接。场域共在是区域治理合作得以实施的场域，如何以标志性的符号提炼场域的共在是区域合作的首要步骤。主导权威和网络链接是区域合作进展顺利与否的重要因素。

1. 场域共在

场域共在是形成区域治理机制的以一定符号指称的场所，其是包含合作治理机制迭代、合意的达成等多要素集成载体。场域共在外在表现为符号表征、区域合作的协调机制、区域合作治理平台的可扩展性。

（1）符号表征。前文已经述及，如何以标志性的符号提炼场域的共在是区域合作得以持续存在的首要因素。科学研究已经证实，符号是人类赋予指称对象价值与意义的抽象物，是保存与传递人类博弈演化形成规则与知识的载体。纵观成熟的区域合作治理机制会发现其都具有典型的符号予以表征，一般是以众所周知的地理事物作为符号表征，而这种长期形成的地理符号表征具有长期的共同文化基因，能够为区域合作治理的达成提供文化制度的凝聚力。

（2）区域合作的协调机制。区域合作协调机制的成熟设计将利益激励、合作维持、要素流通考量在内，实现与放大区域合作效益。区域合作的协调机制主要来源于区域合作机制的合法性及有效性的获得。区域合作机制的合法性是指区域合作现行的协调机制得到区域合作各方的内在认同，且合作各方具有利益让渡、资源交换、执行决策的意愿以维持目前的机制。区域合作机制的有效性是区域合作多元主体通过顶层设计、组团联合、利益协调使区域局部利益服从区域整体利益，实现生产要素在区域内的畅通及配置效率的帕累托改进。

（3）区域合作治理平台的可扩展性。区域合作治理平台的可扩展性要求合作治理具有对异质利益相关者的广泛包容性。因为随着市场机制在区域经济动力转换中的嵌入，区域经济发展分化、社会利益多元，单靠具体单一主体难以有效回应区域经济社会发展进程中纷繁复杂的问题，难以快速应对社会急剧变革所积累的风险。区域合作治理平台的可扩展性使得利益相关者在区域合作治理平台中平等协商和对话，是维护长期达成规则长期可持续的前提与基础。

2. 主导权威

区域合作治理中的主导权威对区域合作治理起着"政策企业家"的作用，能够通过自身影响力适时开启"政策之窗"，对政策的制定与执行有着促进作用。主导权威在区域合作中通过对区域合作政策议程的设置及区域合作"机会窗"的找寻，提供区域经济动力转换的机制设计及资源供给等非制度性动力，加速区域合作形成。

3. 网络链接

网络链接是区域合作治理中决策、合作、政策发挥效应的社会网络。

（1）区域合作的突破点在于提供共在的场域以承载或形成网络链接。这种共在的场域有两种形成路径。一是让利益相关者以网络链接的形式进入共在场域或依托原有的社会网络形成共在场域。二是社会网络链接是在特定的社会文化环境中经过多年演化形成的能够表达利益相关者真实意愿的链接机制。区域合作治理是多方主体在多种情境下多种利益博弈的结果。因此，区域合作的突破点在于将区域合作中多元利益相关者以网络链接的形式聚合于共在场域，为区域经济发展动力转换寻求解决问题的办法和技巧。

（2）区域合作治理的实现需要高位推动。区域合作多方源于发展需要与内部公共利益的实现及合作意愿的一致，是实现区域合作治理的基础条件，而来自科层体系内具有权威资源、位阶较高的主体的推动与支持则是实现区域合作治理的催化条件。

（3）区域合作治理需要多元参与。区域合作治理本身就包含着多元主体参与的界定。在区域合作中，多元主体包括区域内的公共管理部门、可行性论证的智囊团、与区域经济动力转换切身相关的社会力量、以利益追求为主要目标的市场力量。

二、区域经济发展动力转换视域下的区域合作治理分析

将区域合作治理作为区域经济发展动力转换战略的主要内容，对优化区域经济发展版图、缩小区域经济差距、丰富产业结构等意义重大。

（一）"高位推动"形成区域合作治理新格局

在宏观经济处于新常态、产业经济缺乏新支柱的形势下，区域经济合作治理已经成为区域经济发展的亮点。区域经济的合作治理高度关切区域中心城市及城市群构建等经济发展空间结构的深刻变革，有利于促进区域成为各类要素合理流动、高效集聚的主要空间形式以激活区域高质量发展动力。正如认知心理学家班杜拉所言："认知因素部分地决定了外部事物是如何被评估的，它们是如何被构想的、它们是否具有长期影响力、它们有怎样的效价和效力，以及传递的信息是如何组织起来以备将来之需的。"[1]"区域协调发展"作为区域经济发展动力转换的具体战略内容，以"区域"与"合作"统筹的战略形态构造着我们对区域经济发展动力转换未来发展战略框架的认知。区域协调发展以往面临条块分割问题，"条条"的问题主要体现在政策执行的互不相关性，比如局部地区追求经济发展却造成环境污染等负外部性问题；"块块"的问题则主要体现为区域经济动力发展转换中呈现"碎片化"的"九龙治水"，难以形成协同治理效应。而区域经济发展动力转换视域下区域协调发展从战略角度进行纵向高位推动和中间层级的协调、合作、整合与信任将有效促进要素集聚和信息交流，联动形成区域之间、部门之间的"层级性治理"和生态保护、区域发展、产业升级、发展质量的"多属性治理"的协同治理效应。

（二）资源与优势互补，纵深拓展区域经济协调发展轴

纵观世界城市群形成过程，会发现具有共同的形成机制：相邻城市群

---

① 阿尔伯特·班杜拉.思想和行动的社会基础：社会认知论[M].皮连生译.上海：华东师范大学出版社.2018：72.

规模的扩大与区域间交通的密集，将导致相邻城市群辐射区域的接近与重合，从而进入城市群融合发展的自我强化路径，直至相邻城市群融合形成更大的城市群。区域经济协调发展也会遵循这个规律：将区域中业已形成的城市群通过区域经济发展动力转换战略"高位推动"实现区位、功能互补，连通区域中心城市，将城市群团聚形态形塑为长条状，打造区域经济协调发展轴；从中远期看，将区域内的地理标志、中心城市作为区域经济协调发展轴的支撑点发挥战略的叠加、协同效应形成区域经济地理重要支撑带，将有效带动区域腹地经济发展。

在区域经济发展动力转换战略下，区域合作治理的达成取决于资源禀赋、内部需求和外部嵌入这三种因素的推动。资源禀赋主要是区域协调发展所具有的基础性资源要素如资源多寡、人口数量、风俗习惯等互补所带来"1+1>2"的协同效应。从经济地理角度看，区域内各类资源禀赋沿交通带分布、高度集中，以交通带为依托形成经济带进而为形成区域经济协调发展轴提供有力的支撑。而经济带的核心支撑城市串联经济带形成城市群，会使区域经济协调发展轴以城市群连绵带的形式外显。内部需求集中表现为区域内形成合作治理所带来的对区域经济交易费用降低、市场开拓、资源配置优化等的要求所产生的推动力。外部嵌入则来源于政府与外部环境有意识、有计划地对区域经济合作进行顶层设计规划等。从三种推动因素之间的关系来看，资源禀赋和内部需求在区域经济合作中所起到的作用整体上表现为驱动合作治理的实现，而外部嵌入对区域经济合作起到的则是一种修正作用。这种合作治理的实现需要通过利益在区域的广泛改善为内驱，以优势互补与宏观调控为运作机理，以三种因素的有效耦合产生区域经济合作的整合动力与区域经济合作的持续。

（三）区域合作治理嵌入实现战略效应叠加

将区域合作治理嵌入区域经济发展动力转换，能够实现区域经济发展动力转换具体战略的效应叠加。这种战略效应包括将区域经济发展动力转换战略置于重要位置。

1. 引领区域发展新格局

目前，区域经济发展呈现"两大不平衡"的特征，即"区域不平衡"（区域经济发展动力转换中区域呈现板块化）、"内外不平衡"（城市群之间及城市群域内城市与周边地区的发展不平衡）。如何破解区域协调发展难题显得尤为迫切，需要探索新的区域协调机制。区域合作治理是作为探索区域协调机制的引领战略，目的是"以点带面"，以增长极、发展轴带动区域经济合作协调发展，从而构建以区域为空间撬动动力转换实现发展的新格局。

2. 为区域经济发展动力转换提供范本

随着区域经济发展动力转换的不断深入，区域内的城市群成为承载动力转换的重要地域单元。在区域经济发展动力转换视域下，区域合作治理实现区域经济协调发展还被赋予为区域经济发展动力转换提供经验的任务，这是因为通过区域合作治理的大胆创新探索，能够为宏观层面的经济动力转换积累更多可复制、可推广的经验。这就要求不仅要探索可推广、可复制的经验，还要对标国际国内区域协调发展的标杆，探索如何深度重塑区域协调发展的网络体系。

此外，区域经济发展动力转换的核心要义由追求经济发展速度转变为追求经济质量，在有条件率先实现创新驱动、产业集群的区域进行区域合作治理的试点有利于集聚创新资源，为区域经济发展动力转换新理念的实践提供引领示范。

三、区域经济协调发展的实施路径

回溯全世界经济发展脉络，存在两种基本的发展模式：消耗生产要素转换成资本（即积累模式），或通过资源引导促进生产要素优化配置（即发展模式）。前者通过采用对生态机制、社会机制破坏式开发方式消耗生产要素并将其转化为资本，这种模式在短时间内能够实现跃迁式发展，但由于不可持续性容易引发严重的生态、社会、经济问题。后者的资源引导促进生产要素优化配置是在合作治理框架内，通过场域共在、主导权威、网络链接的设计优化产业关联性和生产要素的跨区域循环的动态配置效率，实现效率经济效应、生态经济效应和外部经济效应。

（一）区域合作治理框架中场域共在的实现

前文已经述及，在区域经济发展动力转换中嵌入区域合作治理会促进创新要素在区域的优化配置，从而赋予经济活动更高的生产率、更强的产业带动效应。这种生产要素在区域优化配置所驱动的经济发展动力转换正是经济发展的核心机制之一。在理论上精炼这种由区域要素优化配置的区域经济发展动力转换，集中体现为通过延伸产业链的外部经济性形成规模经济、通过区域合作优化配置创新、资本等生产要素形成效率经济。因此，在区域经济发展动力转换中，区域经济管理部门就需要从战略到政策形成推动区域合作治理，创造规模经济与效率经济的结构红利，通过制度创新与机制创新构建释放改革红利的空间。从实现机制上看，区域合作治理框架中场域共在的实现基本思路有两条。一是利用产业互联网促进区域内不同制造业与非制造业活动的融合发展，在虚拟空间构建更广泛的前后向产业联系效应，实现从区域内产业内部的规模经济向区域产业间规模经济的迭代。二是通过区域内产业、企业在共在场域联系的密切程度提升生产要素优化配置效率与重组效应，以顺应技术经济范式转换趋势，实现效率经济升级。

（二）区域合作治理框架中主导权威的实现

（1）出于区域合作治理中整体区域利益与局部利益优化的考虑，区域合作治理框架中主导权威的实现基于嵌入公共利益最大化的制度供给，通过锁定合作治理过程的风险、降低合作治理成本、创造合作治理条件以实现区域合作治理。特别是兼顾区域中的原有局部制度与资源效应，通过整合设计新的制度激励机制的适用性、兼容性，实现区域合作以获得主导权威的合法性。

（2）通过资源引导实现区域强弱联合，平衡发展。主导权威在合作治理框架中着力通过资源倾斜实现区域产业链、知识传递链、价值链的转型升级与重构，分析区域内资源禀赋、产业结构、经济韧性等特点，会发现一个普遍规律：高度依赖资源、资本拉动的产业价值链会使经济承受波动的能力变弱，急需通过培育中高端产业解决区域差距扩大的问题。因此，可以通过基础设施、公共服务的定向扶持，发挥区域内核心经济区对更广大区域经济的直接拉动作用及对区域内局部地区的间接拉动作用。

（三）区域合作治理框架中网络链接的实现

在合作治理框架内，应延伸和拓展区域产业链、价值链的长度和区域内环节，推动整个区域产业链和价值链分工等级与协同升级。在区域合作治理中，经常会发现资源诅咒现象，即资源禀赋丰富的地区只能以能源、人力资源、自然资源参与产业链、价值链的间接分工，缺乏高端环节的参与致使获益能力较低。因此，区域合作治理框架中要丰富网络链接的实现提升产业链复杂多样程度，推动价值链迭代，通过培育能够移入价值链与嵌入产业生态的跨区域企业，延伸和拓展区域合作治理成果，促进区域价值链分工的重新整合，实现内循环网络链接体系的更新，主要是通过以下三个措施。

（1）尊重区域治理的现实格局，也要遵循利益激励调动多方主体达成协同的意愿。区域经济发展动力转换中的合作治理重视区域间协作和政策网络发展，将资源优化集中于区域间的跨区域合作行动。区域经济发展动力转换下的合作治理实际是通过协商达成意见的一致进而形成集体行动。这种合作治理的达成包含三个过程。一是协商过程；二是意见一致的达成；三是助推个体行为集合形成集体行动。区域合作治理的协商过程一般以区域性论坛、高层互访等形成解决问题、探寻途径的对话。协商是针对区域合作跨界、跨级事务，构建多方主体参与、协商以集聚共识的过程。助推个体行为集合形成集体行动是在区域合作治理框架内形成具有高度生产性的互惠社会资本，从而约束区域经济发展中的投机性、助推集体行动困境的改善。

（2）坚持规划引领，合力打造区域经济合作治理带。区域经济合作治理带中的核心支撑点是区域经济发展的要素集聚中心与经济增长中心。其通过资源、知识、典型等的扩散对区域发展产生带动作用，但同时也对所在区域资源的集聚具有巨大的"虹吸效应"。因此，应通过规划手段推进区域经济协同发展，通过交通网络建设合理调整区域经济发展格局，通过提升跨界道路交通便捷化水平为区域经济带发展提供有力支撑。此外，还需要加强产业集群发展的政策协同，实现资金、智力资本等生产要素的帕累托改进，发挥区域内资源要素禀赋比较优势。

（3）推进区域合作治理核心支撑点，发挥与区域经济带建设的有效对接，促使区域经济带尽快形成磁力效应。区域合作治理形成经济带具有先具备磁力功能，之后才具备容器功能的发展规律。区域经济带的磁力效应有赖于对所在区域经济带的利益输入与经济带动，更有赖于因基础设施的共享而形成的公共服务外溢效应的强弱。简而言之，只有形成集聚公共服务资源的"洼地"才能尽早形成磁力效应。因此，区域合作治理的重点就在于建立区域公共资源的转移机制，使区域经济带成为吸纳创新要素资源的磁石与容器。

第七章 基于渐进主义的区域经济发展动力转换有效路径

一、动力转换实施：战略由制定到落地的关键

区域经济发展动力转换实施是将区域经济发展动力转换从抽象意义上的概念设计转化为具体意义上的实践的过程。西方谚语曾云："通往罗马的路不止一条"，在区域经济发展动力转换实施的过程中，全局性、方向性、重大性的转换方向就是"罗马"，而为将区域经济发展动力转换付诸实施所派生出的政策集就是通往罗马的"不止一条的路"。区域经济发展动力转换的具体实施过程依赖于宏观战略指引下具体政策集与宏观战略中转换方向、动态发展等的互动优化。

区域经济发展动力转换实施作为区域经济发展动力转换过程的关键环节，与实践环节的紧密联系不同于理论推演。从宏观战略到具体政策的展开来看，宏观战略对具体实践的引导通过动力转换实施环节实现；从具体政策到宏观战略进行逆向观察，转换实践产生的信息流，为宏观战略框架提供了筹划的基础。区域经济发展动力转换实施环节是依据动力转换战略对具体实践所进行的改造活动，是从战略到政策中最复杂、最具变数的关键环节。这种环节的复杂性与关键性要求所选择路径遵循"来源于实践，高于实践"的原则。所谓"来源于实践"是指从战略到政策的可行性实现路径来源于充分调研基础上具有前瞻性的选择；所谓"高于实践"是指所选路径从宏观战略到具体政策的展开要按照"取乎其上，得乎其中；取乎其中，得乎其下"的管理艺术对目标进行适度拔高，以调动动力转换中多元主体的积极性，增强区域经济发展动力转换实施的有效性。

二、动力转换有效路径的理论基础：渐进主义方法论

对渐进主义方法论进行理论溯源：林德布洛姆提出了渐进主义理论模

型，哈耶克基于知识有限性的角度提出和扩展了渐进主义方法论。

渐进主义方法论中的"渐"是缓慢、微小的调整，"进"代表一定的方向性。在区域经济发展动力转换实施中运用渐进主义方法论符合区域经济发展动力转换规律。这是因为在区域经济发展动力转换实施的过程中具体政策集对转换目标的无限趋近是降低实践复杂性的有效方法。实际上实践跟决策是两条并行且存在交汇的溪流，决策溪流是对实践溪流产生信息的回应，存在时间滞后性。因此，实践溪流与决策溪流在信息方面具有不对称性，要求决策溪流的信息系统对实践溪流的信息系统建立镜像以快速响应并进行相应调整。通常来说，预测的准确性与预测的时间长短成反比，渐进主义方法论的优势就在于建立了由实践到决策的快速反馈的镜像，使其能够根据实践的变化作出快速的应对和调整，渐进主义方法论主张在现状下进行微调，不否认沉没成本，从而减小了区域经济发展动力转换的实施阻力。

（一）林德布洛姆的"渐进主义"理论模型

林德布洛姆的"渐进主义"理论模型是基于国家改革治理场域产生的理论模型，其产生场域与区域经济发展动力转换具有情境一致性。因此，可以充分借鉴林德布洛姆"渐进主义"理论模型变革治理情境下的结论，并从"渐进主义"理论模型中寻找区域经济发展动力转换从战略到政策展开中的有效路径。

林德布洛姆的"渐进主义"理论模型与"激进主义"理论模型相对应，其主要以小步伐渐进方式向政策场域输入政策并通过对现状与政策目标差距的不断调适实现政策目标。此理论模型是林德布洛姆与达尔对多国政治绩效进行比较分析得出的结论：在改革治理情境下采用局部渐进式改革方式的治理效能优于采用全面激进式改革方式治理效能。林德布洛姆的"渐进主义"理论模型主要有以下发现。

（1）任何变革都是牵一发而动全身的政治、经济、社会等的系统性变革。在对比了多国改革治理效能的基础上发现通过建构较佳的区域经济发展动力转换顶层设计框架,然后通过与政策实施场域的不断调适细化具体措施是改革治理情境下的有效路径。这是由于系统性变革对政策制定者理性分析能力与政策决策知识储备的要求较高,而系统性变革对实施场域的高度变动性使得预设的具体政策体系难以具有较强的匹配性。因此,改革治理效能需要依靠预设区域经济发展动力转换目标框架,并在决策体系有限理性与信息过滤的基础上采用渐进、温和的增量式试验才能实现。

(2)林德布洛姆认为在改革治理情境下理论规范性的应然取向应让位于实践的基于问题导向的实然取向,即在改革治理情境下要坚持实用主义,将改革进程中的问题导向作为界定与处理问题的遵循原则。

(3)林德布洛姆认为"渐进主义"理论模型在改革治理效能下绩效的优越性来源于其信息处理的简化功能,这种简化功能使决策备选方案在海量信息下具备可操作性、治理有效性与兼容性。

(4)林德布洛姆的"渐进主义"理论模型本质上是具有动态性、开放性的政策体系生产模式。其主张渐进地试错,即在小范围内进行区域性的政策实验以形成制度创新成果,并通过实验效果决定是否推广所实验的政策。

(5)林德布洛姆认为基于多国改革治理情境下所总结的"渐进主义"理论模型是"现实中可以实现的最快的变迁方法"[①],这是因为"渐进主义"理论模型的效能来源于其渐进、小步伐的特点,对原有秩序冲击力较小,有利于在实施过程中获得执行层及民众的价值和信念的合法性支撑。

(二)哈耶克基于知识有限性维度扩展渐进主义方法论

哈耶克在其理论分析中认为决策者所拥有的知识是有限度的。这种限度来源于客观的信息多样性与指数增长特征,主观的决策者注意力资源的有限性。具体来讲,客观的信息多样性及指数增长特征是指决策信息来源

---

① 查尔斯·林德布洛姆.政治与市场:世界的政治—经济制度[M].王逸舟,译.上海:上海三联出版社、上海人民出版社,1995.

于政治、社会、经济、文化等实践活动中，并因为实践活动自身亦呈现多样性及指数增长特征；主观的决策者注意力资源的有限性是指决策者在处理所获得的零散信息时，需要投入自身有限的注意力资源予以处理，即在知识的永恒扩张下，"人们知道的愈多，人们掌握的知识在全部知识中所占的比例就愈小"①，决策者所拥有的知识只是"非常有局限性的观察的结果"。

哈耶克认为决策者知识具有有限性，因此实践更多是一种自发秩序机制推动下的渐进变迁过程。哈耶克认为自发秩序机制"使千百万人的不同知识形成外展的和物质的模式。每个人都变成传递链中的一环，他通过这些传递链接收信号，使他能够让自己的计划适应并了解的环境。全面的秩序由此变得无限扩展性，它自动地提供着有关日益扩大的手段范围的信息，而不是仅仅服务于特定的目的"②。自发秩序机制可以用来描述多个知识有限性的决策者所参与实践的复杂运行扩展的进化性机制：每个决策者都处于未来不确定性与有限的知识中，在运作机制与规律无法完全呈现的情境下，最具效能的机制是遵循渐进演化、不断学习与反思的机制。相反，渐进主义方法论有助于加快自我扩展秩序的演进和不断更新。哈耶克基于政治与市场的关系所论述的自发秩序机制与林德布洛姆的"渐进主义"理论模型异曲同工，其所描述的核心具有一致性：渐进主义方法论在实践中的有效治理效能。

三、基于有效性与合法性的动力转换渐进路径选择

（一）以渐进主义路径有效性累积绩效合法性

区域经济发展动力转换是区域经济发展到一定阶段的必然要求，其路

---

① 弗里德里希·奥古斯特·哈耶克.通往奴役之路 [M].王明毅，冯兴元，译.北京：中国社会科学出版社，1997.

② 弗里德里希·奥古斯特·哈耶克.法律、立法与自由 [M].北京：中国大百科全书出版社，2000：56.

径选择和实际成效将直接影响区域经济发展。当区域经济发展动力转换之窗开启，仅凭市场行为无法独自完成区域经济发展动力转换时，往往引发这样的思考：区域经济发展动力转换稳妥实现的有效路径是什么？是通过宏观调控直接建构动力转换，还是从局部逐步示范动力转换有效性进而助推形成转换动力？通过实践探索与理论总结得到的答案是，基于渐进主义路径示范绩效合法性进而形成转换动力是有效路径。这种路径的意义在于赋予区域经济发展动力转换实现的明确方向、有序空间和规范逻辑等秩序资源，以整合转换中的方向分散、利益失衡，保证区域经济发展动力转换的持续。

在区域经济发展动力转换中选择基于渐进主义的路径，能够预留充裕的时间来平衡利益冲突，并保证转换多元主体利益获得实现空间。前文已经述及，区域经济发展动力转换的区域经济发展动力转换内容包含产业升级、创新驱动、区域协调三个方面。区域经济发展动力转换的实现一方面取决于区域经济发展动力转换这三个内容实现的广度与深度；另一方面则取决于从区域经济发展动力转换到政策展开的路径选择。在区域经济发展动力转换内容与实现路径的选择过程中，区域经济发展动力转换存在转换主体压力多重，利益诉求多元的基本状态。如何选择合适的路径平衡这种压力与利益冲突事关区域经济发展动力转换的实现。而基于渐进主义的路径选择是将宏观区域经济发展动力转换与微观政策相衔接的路径，其通过区域经济发展动力转换的有效性逐步累积多元利益主体对动力转换的合法性认同，从而使区域经济发展动力转换具有可持续性。

（二）以路径有效性助推动力转换接续运行

基于渐进主义路径的区域经济发展动力转换的使命是实现发展动力转换的可持续。区域经济发展动力转换的稳定与有效运行需要两大基本要件。一是区域经济发展动力转换先行探索能够为后续发展动力转换提供制度资源与路径参考；二是区域经济发展动力转换建立起动力转换多元主体对其的合法性认同。

从理论上讲，区域经济发展动力转换的有效性指其创造区域经济发展动力转换效果的能力与效度，主要包括三个方面。第一个方面，区域经济发展动力转换结构与功能的自我完善能力，这是区域经济发展动力转换发挥作用的基础与前提；第二个方面，区域经济发展动力转换保障和推动所在区域经济与社会发展的能力，这是区域经济发展动力转换发挥作用的核心；第三个方面，区域经济发展动力转换预防危机和驾驭风险的能力，这是区域经济发展动力转换持续发挥作用的关键。区域经济发展动力转换有效性的强弱，直接关系到区域经济发展动力转换赢得合法性认同的基础与空间。实际上，区域经济发展动力转换积极追求有效性的过程，同时也伴随着合法性认同的累积过程。区域经济发展动力转换实践就是在此逻辑中展开。这种逻辑包含两种实现路径。

第一条实现路径是在转换结构与功能的自我完善中累积合法性认同。区域经济发展动力转换是在区域经济发展的自我完善和发展的框架内展开的。在强调宏观经济调控合理性前提下，正视调控机制与功能配置上的不合理性。区域经济发展动力转换的结构与功能完善就是在渐进主义路径中不断进行，从而实现区域经济发展动力转换的可持续。这种完善主要通过三个途径展开。一是吸纳其他区域经济动力转换中的标杆举措，以提升区域经济发展动力转换的有效性；二是兼容区域经济制度中既有的资源，以增强区域经济发展动力的基础；三是适时进行制度创新以提升区域经济的适应性。区域经济发展动力转换结构与功能的展开充实了区域经济发展动力转换的基础和资源，同时也改善了动力转换多元主体对区域经济发展动力转换的认知、态度和信念，从而积累了区域经济发展动力转换的合法性认同。

第二条实现路径是在动力转换的有效中累积接续运行的合法性认同。区域经济发展动力转换基于渐进主义的路径选择围绕创造有效性示范而展开，以积累区域经济发展动力转换主体的信心与支持。具体来说如下有两方面。

（1）从既有制度出发，通过制度的建设和完善，增强区域经济发展动力转换的制度化。

（2）在动力转换中通过有效抵御风险获得丰富的治理经验与风险管理能力的提升。这种风险管理能力主要是通过使转换遵循为获得风险可控的发展而转换的原则。众所周知，通过硬性嵌入调控启动动力转换容易放大区域经济风险，突破区域资源禀赋、发展整合能力和可接受能力限度。而基于渐进主义的路径就很好地规避了这一点。

基于渐进主义的区域经济发展动力转换路径的确立，从有效性与合法性层面助推区域经济发展动力转换的可持续提供路径建构空间，使多元主体对区域经济发展动力转换的信心与认同可以转化为推动区域经济发展接续运行的动力。

四、区域经济发展动力转换渐进主义路径的优化

区域经济发展动力转换实施的渐进主义方法论路径从区域经济发展动力转换设计阶段就摒弃了"毕其功于一役"的考虑，而是通过区域经济发展动力转换指引，通过保持微小优势，保存已取得的成果，通过不断积累微小优势的区域经济发展动力转换定力来实现区域经济发展动力转换目标。渐进主义方法论基础上的路径选择，要特别注重从区域经济发展动力转换制定和区域经济发展动力转换实施两方面进行精心统筹设计。

（一）对动力转换框架性、兼容性、愿景性进行顶层设计

所谓区域经济发展动力转换顶层设计的框架性就是通常所说的"拉开架子"，区域经济发展动力转换的宏观性含有对区域经济发展动力转换顶层设计框架性的规定，是对区域经济发展动力转换未来实践边界做出的预先设定。区域经济发展动力转换顶层设计要注重兼容性，意味着区域经济发展动力转换的顶层设计虽然从文字角度对区域经济发展动力转换进行了描述，但并不排斥区域经济发展动力转换在未来的适度调整。区域经济发

展动力转换的顶层设计出于兼容性的设计，完全可以借鉴其他学科在兼容性方面的考虑，比如借鉴应急管理学科知识对区域经济发展动力转换进行分类分级设计。区域经济发展动力转换的愿景性设计，即区域经济发展动力转换的顶层设计必须注重通过"画大饼"并"及时分饼"的方式调动转换，激发各利益相关者参与动力转换的热情与积极性。

（二）动力转换分类分级微调与动力转换实施的渐进互适

区域经济发展动力转换分类分级微调是指在区域经济发展动力转换实施过程中，依靠单一区域经济发展动力转换、固定的区域经济发展动力转换往往对实践是一种约束，限制了实践主体在区域经济发展动力转换实施过程中的能动创造性。因此，在区域经济发展动力转换制定时就要对区域经济发展动力转换进行事先分级，将区域经济发展动力转换限制在适度范围内，既有最高区域经济发展动力转换目标，又有最低区域经济发展动力转换目标，使区域经济发展动力转换呈现梯度化，以增强所制定区域经济发展动力转换在未来的很长一段时间内的适用性。区域经济发展动力转换在制定战略内容时也要分类，区域经济发展动力转换制定要以区域经济发展动力转换群的形态呈现战略内容以实现区域经济发展动力转换目标对未来环境的全方位指导。

区域经济发展动力转换分类分级的微调与区域经济发展动力转换实施的渐进互适是指在区域经济发展动力转换分类分级的基础上，根据实践的发展，总的区域经济发展动力转换方向保持不变，对能够实现的总的区域经济发展动力转换方向下具体梯度的区域经济发展动力转换进行适当的选择。这一方面既符合区域经济发展动力转换进行分类分级的设计初衷，又是对区域经济发展动力转换实施环境所传达信息的回应。区域经济发展动力转换制定所进行的分类分级为渐进主义方法论基础上的路径选择提供了适当的回旋余地，同时也是对区域经济发展动力转换实施过程中的动力转换多元主体在遭遇困难时的一种鼓励。区域经济发展动力转换实施的渐进调整是在区域经济发展动力转换分类分级的基础上进行的选择，是区域经济发展动力转换框架中具体区域经济发展动力转换的选择，保证了区域经济发展动力转换实施是在基本方向不变的情况下进行的转换措施选择。

第八章　政策试点：从战略到政策的探索机制

在区域经济发展动力转换场域中，"政策试点"是一种常用的政策工具。其典型体现为在区域经济发展动力转换相关文件在表述战略定位及具体措施时经常提到"加强试点""总结可复制可推广的经验"等词汇。"可复制可推广"的经验外推正是政策试点的核心方法，同时也是近年来国家治理日程中出现的高频词汇。理论界对理论建构成熟度检验通常有三重标准，即着眼于检验理论的效度、信度、推广度。依此逻辑，自由贸易试验区"可复制可推广"的要求正是对经验适用性、有效性、推广性的检验，是政策试点实践成熟模式、理论深度凝练的高度体现。对政策试点的研究要"知其然更要知其所以然"，重新溯源政策试点"可复制可推广"经验外推演进过程，并以此入场探寻政策试点规律机制、未来展望，能够更好地理解政策试点的精髓要义，促进政策试点在区域经济发展动力转换更广泛场域的深入应用。

一、文献综述

国外的政策试点偏向于实验主义，严格意义上来讲属于政策试验范畴，即借助自然科学方法中的量化工具对所创设政策采用实验对照组进行实验，从而评估政策的有效性，这与中国的政策试点显然不同，中国的政策试点偏向于经验主义，是对实践中经验的归纳、总结与外推。因此，中国的政策试点的研究者多数为国内学者，文献综述也以国内学者的文献为主。借助中国知网，以政策试点为关键词进行检索，并以南京大学核心期刊目录、中文社会科学引文索引（CSSCI）、博士论文为遴选标准，对所获文献综述如下。

（1）按照发表时间的先后顺序对所搜集资料进行分析发现，政策试点从实践探索走向学理研究得益于对中国改革开放伟大成就取得原因的探寻。德国学者韩博天认为，中国经济腾飞的核心机制在于通过规划与政策试点的链接实现"顶层设计"和"摸着石头过河"的有机结合，赋予决策和执行稳定性、灵活性，降低政策创设的不确定性和成本。[①]周望在政策试点研究方面发表论文最多。周望认为，中国的政策试点主动对具有重大影响的公共政策进行局部（试验点、试验区、综合配套区）试验抑或是吸纳局部地区政策创新有益经验，经上级政策制定主体评估、吸纳政策刺激反应及政策经验，重新调整形成更具普适性的政策以在更广泛区域展开实施。政策试点内含"创新—学习—扩散"政策机制、由点到面渐进辐射式政策过程，是经验理性与技术理性互补融合的政策模式。

（2）借助可视化工具，利用共词分析方法对文献关键词进行聚类分析。根据聚类图谱显示，在所获文献中"地方政府""上级政府""政策创新""政策扩散""全面深化改革""顶层设计""政策试验"成为文献共现网络中的关键节点。这显示出已有的研究大多聚焦于政策试点的过程研究、政策试点中上下级政府的关系、政策试点中所创设政策的扩散、全面深化改革中政策试点的顶层设计等。从政策试点中的上下级政府关系来看，德国学者韩博天最早构建"分级制政策试验"框架分析政策试点中的上下级政府的互动机制；周望将政策试点类型按照上下级政府各自在政策创设和政策评价中的主动性程度将其分为"争取""指定""追认""自发"四类；叶贵仁、李梦莎等以顺德简政强镇改革为例，提出政策试点经验的外推要运用层级的差别，实现上下级政府的聚力。从政策创新角度看，胡伟等人认为政策试点中的经验外推方法的应用有利于减少政策风险。徐晓波从政策与法律在政策试点中的位阶变动关系、政策试点中着重政策创新增量、政策试点创设中的主动回应等方面探讨了政策试点顶层设计的转变动向。陈宇、闫倩情采用定量方法，借鉴西方实验主义思想，分析了中国政策试点中30个案例的试点结果，认为利益协商一致是政策试点经验外

---

① 韩博天,奥利佛·麦尔敦,石磊.规划：中国政策过程的核心机制[J].开放时代,2013(6):8-31.

推得以实现的必要条件。

二、政策试点的内涵及历史演进

（一）政策试点的内涵

就其内涵而言，政策试点包括狭义和广义两个方面。狭义的政策试点是指党政机关为验证政策方案的正确性、可行性，并取得实施这些方案的具体化细则，而在一定范围内进行的一种局部性的决策施行活动。广义的政策试点是指中央为寻求新的政治制度或政策工具而进行的分权式试验，以及地方自行发起的政策试点活动及相应实践等，就其外延而言，政策试点的具体类型包括各种形式的试点项目、试验区等。

随着国家治理方式和技术的实践创新，与政策试点有关的历史资料在国家治理实践中频频提及，比如毛泽东在《长冈乡调查》中关于"政策试点"的论述，以及在"枫桥经验"中对政策试点方法应用的批示。此外，无论中国政策实践还是中国政策试点理论与实践的互动都日新月异，以往的理论研究已经无法同步于政策实践、交叉理论的发展。因此，从中国政策试点历史演进入场，吸纳中西方理论新成果，从政策实践和理论构建角度进行阶段划分，对中国政策试点进行经验总结、未来展望具有重大理论与现实意义。比如，借助叶海卡·德洛尔关于政策工具与待解问题的关系框架来分析政策试点在中国生根发芽的生命力所在，以阐明中国特色的政策试点与新中国成立 70 多年来的建设所蕴含的实践互动关系。有中国特色的政策试点与西方近年来兴起的政策实验主义的政策实践初衷具有一致性，有必要部分借鉴西方实验主义方法论，实现以往重视试点准备、试点进行到两者与试点后政策评估等量齐观的转变。

"政策试点"在中国多年来的实践表明，中国政策试点的核心方法是有益经验外推，即主动对具有重大影响的公共政策进行局部试验抑或吸纳局部地区政策创新有益经验，经上级政策制定主体评估、调整形成更具普适性的政策以在更广泛区域展开实施。"政策试点"内含"创新—学习—扩散"政策机制、由点到面渐进辐射式政策过程，是经验理性与技术理性互补融合的政策模式。

（二）政策试点的历史演进

中国政策试点实践探索发端于土地革命时期，伴随中国共产党领导的革命、建设和改革开放经验积累而日臻成熟。中国政策试点是在实践中探索出的在既定制度框架内不拘泥于事先预定情景、灵活多变的政策工具机制。如果从应用范围、模式化程度和理论框架成熟度等方面构建阶段划分参照系，那么新中国成立 70 多年来政策试点历史演进可分为经验理论化阶段、大规模应用阶段和整合优化阶段。

1. 政策试点经验理论化阶段

政策试点作为工作方法可溯源至毛泽东、邓子恢选取井冈山和闽西为试验点，探索土地改革经验所形成的调查研究与政策试点结合、政策外嵌与机制内生结合、典型示范与政策外推结合的工作流程。随着政策试点的多场域应用与复杂环境下的方法调适，政策试点的成熟经验进一步理论化为固定框架。1963 年，《人民日报》发表社论《典型试验是一个科学的方法》。在这篇社论里，对政策试点所采用的"从群众中发现方法""典型试验、连环示范""分类分层渐进式试验"等理论框架的严谨性、规范性、逻辑性进行了系统论证。

2. 政策试点大规模应用阶段

邓小平、陈云等中国共产党领导人，将政策试点所形成的理论框架经验移植于改革开放实践，并在多次讲话中对政策试点予以肯定和支持。邓小平在"南方谈话"中尤其重视政策试点在改革开放中的作用，"改革开放胆子要大一些，敢于试验"。"每年领导层都要总结经验，对的就坚持，不对的赶快改，新问题出来抓紧解决"。①"摸论"与"猫论""不争论"并列为改革开放三条重要经验，是陈云对政策试点的形象比喻："改革固然要靠

---

① 中共中央文献编辑委员会.邓小平文选第三卷 [M].北京：人民出版社，1994：372.

一定的理论研究、经济统计和经济预测，更重要的还是要从试点着手，随时总结经验，也就是要'摸着石头过河'。"[①]

从实践层面看，政策试点大规模应用后管理组织和操作程序的无序化、开发区的普遍化面临错综复杂的利益格局，客观上促成了宏观政策制定视野的提高、操作程序的规范、更广泛试点地区选取的统筹推进。从宏观政策制定视野的提高来看，承担宏观政策制定的原国家发展计划委员会和现国家发展和改革委员会都对政策试点工作职责予以明确规定。从操作程序规范化来看，中国政策试点实践在大规模应用过程中逐渐形成以"先行先试"探索、以"典型示范"带动、以"以点促面"逐步推广的经典模式。从试点范围选择看，特区和开发区模式从"深圳特区"肇始，经过改革开放后四十多年的发展已在中国遍地生根，成为推动中国经济持续稳定增长的重要引擎。

以上表明，改革开放以来，政策试点已成为一种大规模的实践机制，从制度设计上鼓励、支持地方政府在制度框架内承接或主动进行政策试点，并在组织架构、操作程序、试点范围选择上力图形成政策"创新—学习—扩散"的稳定秩序安排。

3. 政策试点整合优化阶段

从实践看，这一阶段政策试点区域从试验区扩大到综合试验区，试点项目内容围绕中国治理实践与治理日程与时俱进。具体来讲，政策试点演进路径呈现从经济发展试点转向经济、社会、生态协同试点趋势；试点内容扩散至乡村振兴、特色小镇建设、自贸区、新旧动能转换等领域；政策试点目标围绕制度创新核心整合优化，旨在形成可复制、可推广、可借鉴的制度成果，如为提升对外开放水平、加快经济高质量发展的自贸区改革试点，进行"一揽子"前沿政策和具有前瞻性创新试点示范的雄安新区等。

经济、社会等问题相互交织，不同领域改革深度、广度"夹生饭"现

---

① 中共中央文献编辑委员会 . 陈云文选第三卷 [M]. 北京：人民出版社，1995：279.

象，单一改革措施面对改革的复杂性、艰巨性易靶向偏离，这些都对实践中政策试点类型、方法在更高层次提出了更高要求，政策试点进入整合优化阶段。这一阶段注重政策试点顶层设计和统筹安排，运用"大方法论"、多样化的"一揽子"试验类型，采用对照实验组方式对多试点区域进行经济、文化、社会等多领域的多重实验性操作，观察有关制度在现实中的运行效果，挖掘可复制、可推广、可借鉴的经验要素。

三、政策试点：从战略到政策的探索机制

（一）政策试点的科学性在于其机制设计的科学性

政策试点的科学性在于其机制设计的科学性：政策试点机制在操作与设计过程中实现战略目标方向的框架与政策实施渐进性的有机结合，避免战略目标制定粗线条化与因实际政策执行环境差异导致的"名实背离"；通过统领性战略规划引导，形成连接央地的多层级、多主体的条块性网络，以多样性试验场域探索政策试点的制度空间。政策试点在实施过程中将战略目标按时间段划分，从制度框架层面分解战略目标紧迫性，从政策试点层面吸纳刚性时间约束和制度空间弹性张力。

（二）基础方法论的创新是政策试点优化的重要生发点

政策试点政策制定模式源于中国共产党土地改革实践的主动探索，在改革开放中被广泛应用于国家现代化进程，在新时代成为推动全面深化改革的系统集成引擎，是中国共产党治国理政经验升华的重要结晶。政策试点"有益经验外推"的核心方法得益于中国共产党在长期治国理政过程中方法论的不断创新与完善，是政策实践探索与方法论逻辑演绎的耦合。新中国的第一代领导集体在领导革命实践中逐渐形成"实事求是"的方法论。1941 年，毛泽东在《改造我们的学习》中将"实事求是"阐述为："'实事'就是客观存在着的一切事物，'是'就是客观事物的内部联系，即规律性，

'求'就是我们去研究。"①邓小平在此基础上对方法论进一步补充，提出"解放思想、实事求是"，并认为"解放思想，就是使思想和实际相符合，就是实事求是"②。政策试点的途径之一是通过局部范围的政策试验形成有益经验，这与"实事求是""解放思想、实事求是"在理论内涵上具有一致性。在政策实践中不断创新和完善方法论是新中国成立70多年来面对新情况、新问题，通过政策试点实现"明者因时而变"的应对，并不断吸纳成为"知者随事而制"制度创新的重要生发点。

（三）"规划－政策试点"治理模式具有中国特色

"规划－政策试点"治理模式所遵循的政策自上而下的运行机制与政策运用环境中日益增长的变动性和不确定性之间的张力日益显现。而新中国自成立之初就力图形成的"规划－政策试点"治理模式所寻求的政策规制刚性与环境变动性的平衡，在一定程度上延滞了这种张力的显现。新中国自1953年制定第一个五年规划，截至2021年已发布十四个五年规划。通过中央与地方规划的协商、衔接、评估、调整预设各级政府行为轨道和框架目标，地方各级政府在制度框架内或在中央政府的指导下创新政策实践，并逐渐形成"规划－政策试点"治理模式，使其成为中国本土化政策制定的特色。"规划－政策试点"治理模式包含：中央审慎制定制度框架与衡量标准；地方在既定制度框架下自主进行政策创新；中央通过对地方执行绩效的考核，确保政策轨迹不偏离既定制度框架；目标框架与衡量标准具备修正弹性，根据绩效考核进行循环往复修正。以此框架观照新中国70多年来的政策试点实践，"规划－政策试点"治理模式在保证地方政策方向和中央目标保持一致的基础上赋予了地方进行政策试点的合法性和空间。

---

① 《毛泽东选集》出版委员会. 毛泽东选集第三卷 [M]. 北京：人民出版社，1991：801.
② 中共中央文献编辑委员会. 邓小平文选第二卷 [M]. 北京：人民出版社，1994：341.

四、政策试点典型过程及机制分析

（一）政策试点的典型过程及案例

政策试点的典型过程包括全面调查研究与局部探索试验相结合、总结提炼经验与典型示范学习相结合、典型经验运用与因地制宜创新相结合的成熟流程。为详细说明政策试点的典型过程，本书以具有政策试点典型方法论意义的山东"莱西经验"为例，说明其主动吸纳局部地区政策创新有益经验，经过提炼、试验普适化，以"典型示范"带动、"以点带面"逐步推广的典型过程。

1.政策试点典型案例："莱西经验"三十年演进历程

"莱西经验"三十年演进历程主要有经验提炼形成、指示要求深化拓展、生发形成"山东经验"三个重要阶段。从三十年演进历程来看，"莱西经验"阶段跃迁实现的动力源于其历久弥新的生命力及在乡村治理中展示出的绩效吸引力。

（1）"莱西经验"提炼形成。1990年8月，全国村级组织建设工作座谈会在山东省莱西县（现山东省莱西市）召开，会议对莱西基层组织建设实践经验进行了提炼，形成了"以党支部为领导搞好村级组织配套建设，强化整体功能；以村民自治为基础搞好村级民主政治配套建设，启动内部活力；以集体经济为依托搞好社会化服务配套建设，增强村级组织凝聚力"①的"三配套"经验。

（2）指示要求深化拓展

2013年11月，习近平总书记视察山东时高度认可"莱西经验"的示范引领作用，希望山东继续深化拓展"莱西经验"。2018年6月，习近平考察山东三涧溪村时强调："要加强基层党组织建设、选好配强党组织带头

---

① "莱西经验"诞生记.http://paper.people.com.cn/rmrb/html/2019-09/11/nw.D110000 renmrb_20190911_1-20.html.

人，发挥好基层党组织战斗堡垒作用，为乡村振兴提供组织保证。"[①]

（3）生发形成"山东经验"。山东自"莱西经验"提出以后，在方法论层面坚持"莱西经验"有益经验外推推动基层党组织建设，在实践层面依靠标杆树立、专业化管理、资源下沉等创新做法提升基层党组织组织力，不懈探索农村基层党组织在政策宣传与执行、基层动员与治理、坚强战斗堡垒作用发挥方面的新路径。在实践探索基础上，山东各级党组织"明者因时而变，知者随事而制"，不断吸纳有益探索经验形成了以章丘三涧溪经验、郯城经验、山东乡村振兴服务队经验等为典型的新的山东经验生发点。

2."莱西经验"具有政策试点的典型过程

（1）全面调查研究与局部探索实践相结合。20世纪80年代初，山东莱西在推行家庭联产承包责任制之后出现农民独立性增强而村集体功能弱化、组织向心力弱、党员年龄结构失衡等问题。针对这种情况，莱西县委、县政府多次组织力量赴农村进行全面调查研究，对基层组织工作开展情况运用"抓两头，比中间"的调研方法对比分析，寻找突破对策。从1985年开始，莱西县在全面调研基础上对如何重新组织农民的一系列问题进行了以"抓基层、打基础、强化村级、工作到户"为指导方针、以"三配套"为主要内容的探索实践。

（2）总结提炼经验与典型示范学习相结合

1985年到1990年间，中央、地方各级组织部门对莱西县探索实践经过充分调研、总结提炼，逐步形成以"三配套"为主要内容的"莱西经验"。1990年4月，民政部邀请中央及地方有关专家学者对莱西经验进行了实地考察，形成了以"当代农村基层发展如何重新组织农民"为主题的调研报告。1990年8月，全国村级组织建设工作座谈会现场考察了莱西县8个村的工作，肯定了莱西县的"三配套"经验。同年12月，中央印发了

[①] 习近平考察山东全记录 .http://www.ce.cn/xwzx/gnsz/szyw/201806/16/t20180616_29455308. shtml.

《全国村级组织建设工作座谈会纪要》，将"莱西经验"作为典型经验向全国推广。

（3）典型经验运用与因地制宜创新相结合。莱西会议以后，山东省各级党组织深化拓展"莱西经验"核心要义，以基层党建战斗堡垒建设解决农村"如何有人管事"问题、以"群众路线凝聚共识"解决"如何有章理事"问题，以"集体经济依托价值"解决"如何有钱办事"问题。山东在莱西会议后因地制宜对"莱西经验"予以创新性发展，先后形成以章丘三涧溪"头雁"领头发展、郯城农村党组织书记专业化管理、山东乡村振兴服务队组织资源下沉激发基层内生组织力等为典型的新山东经验。

（二）政策试点的机制分析

1.政策试点中"经验推广"的类比机制

政策试点中的经验推广机制存在实践与理论可行性的双重经验支撑，英美法系中的判例法及理性预期理论，印证了政策试点中得出的可供推广的经验性框架具有对相似问题建构进行类比解决的机制。

（1）政策试点中"经验推广"的类比机制实践例证：判例法。与大陆法系将成文法作为判案依据不同，英美法系除成文法以外还将援引先例的判例法作为重要依据。其基本原则是"遵循先例"，即运用演绎与类比推理的方式将自身体系内已经生效的判决作为相似案件的判例规则。英美法系的判例法与政策试点中的经验推广机制在依据的思维方式上具有相通性，都是将有效经验通过类比与演绎置于新的相似问题建构场域，通过类比与演绎思维为问题解决提供对策的基础元素。英美法系判例法的长期适用性及能够成为英美法系实践的制度结晶证明应用"判例"方式进行经验的类比推广颇具成效。从而间接证明政策试点中的经验推广机制内基础机制类比与演绎推理在解决相似问题建构的有效性。

（2）政策试点中"经验推广"的类比机制的理论例证：理性预期理论。理性预期学派认为，群体的决策行为受以往成功或失败的经验认知影响，因此可以充分借鉴过去事件的处理方式对具有相同问题结构的事件进行决策。理性预期学派的基础方法论认为理性预期属于类比推理，通过配对预期对象与基准对象的本质相同点来提升预期的有效性与稳定性。理性预期理论基于相同点的提炼进行经济建模预测，并通过统计学方式测度计算预期结果的稳定性。理性预期理论与政策试点中的经验推广机制在基础理念方面高度契合，能够为政策试点中的经验推广机制提供理论例证。

2. 政策试点中"典型示范学习"的组织学习机制

政策试点中"典型示范学习"的组织学习机制说明了政策试点知识及其知识如何整合并实现跨区域扩散。

（1）试点政策的设计灵感来源于政策制定者经验迁移、问题界定、理论借鉴等因素的耦合。试点政策的设计所含有的组织学习机制旨在解决特定问题所进行的不规则的经验知识与系统理论知识的整合，这种知识整合源于组织待解政策问题的需要，即以解决政策待解问题的需要产生搜索问题信息、经验迁移、知识应用整合的动机，伴生界定问题的同时亦提供了知识的选择标准，政策决策者是从所需要解决的问题出发来判断哪些知识应该学习，以及是否应该将其结合到组织的知识体系。

（2）典型示范学习能够推动知识的扩散。政策试点中通过召开学术会议讨论、组织典型示范观摩会等形式的典型示范学习，组成组织学习和知识扩散的网络机制，推动政策试点中的知识整合和在新的场域中的利用开发。政策试点的知识整合包含显性知识的整合与隐性知识的整合。在政策试点语境中，显性知识整合是指政策试点中可以进行文字、数据等编码而跨区域、跨情境整合的政策设计。隐性知识是在政策试点特殊场域中与特定问题界定、问题情境、政策客体相关联的政策设计知识。其知识的可整合与否及可转移与否受学习者对隐性知识关联的特定情境的影响。因此，在政策试点的经验推广阶段要通过现场观摩会、政策试点设计者现场解说等典型示范学习方式构造假设的"干中学"情景，实现政策试点中隐性知识的感知。

五、政策试点的应用

（一）作好政策试点工具应用的"放、管、服"

前已述及，政策试点在促进区域经济动力转换从战略到政策的展开方面作为探索机制具有独特优势。但这种探索机制独特优势如何发挥与以往区域经济发展原有动力继续发挥的兼容需要对政策试点进行"放、管、服"的优化平衡设计。

政策试点管理有序是放活的前提。政策试点所试点内容是对原有制度资源的新嵌入，势必会对原有秩序产生影响。在政策试点设计阶段就需要对政策试点进行有限制、有序的放活，以求得政策试点试验成果的可获得性与原有制度资源有序运行的最优解：建立类似"监管沙盒"机制，从风险—成本—收益三个维度检验政策试点与试点地区原有制度资源的兼容性，利用政策试点过程中产生的数据链条进行数据全程追溯，并在政策试点经验指向、数据预测、合法合规审查的基础上为政策试点的有序开展建立数据库。

柔性管理是政策试点设计与实施的精髓。政策试点作为区域经济发展动力转换中从战略到政策的探索机制的存在，如何能在政策创新增量与原有制度资源存量之间取得平衡，考验政策顶层设计者的智慧。对政策试点地区进行布局设计、提前考量风险、测试压力等的柔性管理不失为一种管理之策。同以往对待政策创新"一禁了之""被动等待"的治理成本小、系统震荡小相比，政策试点的柔性管理需要政策设计者拿出更多的耐心与巨大的治理资源，从顶层设计、呈现形态、试点布局、新旧制度资源相融到经验评估做出更多细致考量，才能更好地激发政策创新活力、撬动区域经济发展动力转换。

（二）依靠理论模型、数据分析等对政策试点设计进行技术嵌入

作为旨在取得有效、普适性治理经验的政策试点，在选择试点单位的

时候，要注重经验艺术与技术理性的统一。从试点动机看，政策试点的实施旨在为具有全局意义的政策变迁、政策创新提供有益经验增量。有益经验增量则既要包括政策试点中问题靶向精准的政策，又要包括失准的政策，因此不能单纯为了取得卓有成效的试点效果而人为通过政策倾斜、资金洼地、项目堆积制造政策"盆景"。试验单位的选择不是随机性的指定，而要选择具有普遍意义的典型、示范意义的样板，试验内容要契合本地区体制机制突破、改革发展瓶颈或现实迫切需要。在这方面最显著的例子是，近年来为进行全方位扩大开放所选择和设立的全国 18 个自贸区的差别化试验，其最终确定的试验区域、试验主题就契合中央所赋予的战略定位、地方特点。从风险、成本计算角度看，政策试点本身就是一种渐进式的"试错"，其实施的不可控性、不可逆性要求试点区域具备一定的社会统合能力、制度创新能力、必要试验成本的支付能力、政策试点失败的风险承受能力。从经验艺术与技术理性的角度看，政策试点需要在继承"治大国若烹小鲜"经验理性的基础上充分借鉴西方公共政策理论研究框架、统计学等技术理性成果，在相同条件下设置"对照组"进行"双盲"试验。

（三）创建"监管沙盒"

"监管沙盒"理念起源于英国，是英国金融监管局为平衡金融创新与防控风险、鼓励金融科技在新场域应用的多重需要而提出的。其运作原理是人为建立类似"沙盒"的安全独立区域，由监管部门建立并许可符合资质条件的测试机构进入"监管沙盒"允许清单，测试机构可以在授权范围内适用创新性的产品、服务和模式。金融监管部门收集全程测试过程及测试结果数据并召集专家、被测试者、监管者进行全方位评估，以判定是否给予所试验产品、服务、模式在更广泛区域适用的正式授权。

在区域经济动力转换中建立类似"监管沙盒"机制的主要目的是为区域经济动力转换政策创新开辟进行有效试验的"安全空间"，即在局部空间允许对全新政策创新的有效性及适用范围进行检验，以"双轨制"思路实现原有制度资源的正常运行与创新政策的增量贡献。因此，在区域经济动力转换中所建立的类似的"监管沙盒"应将所试点政策的内容和规模限制在一定范围，以降低试点政策成本与防范政策试点所产生的政策震荡风险。"监管沙盒"旨在找到"缩小版"的政策待解问题的有效解决方案，通过有重点、有目的地推动区域经济动力转换试点，在局部范围创建类似"监管沙盒"机制，并以"问题建构—政策试点—经验总结—政策推广"的模式，将所获得的政策实施经验经过提炼归纳为具有可行性的制度框架，进而为区域经济动力转换整体层面提供地方性知识的整体解决方案。

政策试点机制设计应当充分借鉴"监管沙盒"的实施经验，探索研究跨业、跨地区的"监管沙盒"沟通机制。一是在政策试点地区与政策推广地区就政策创新与政策制定评估建立跨区域定期交流机制，共同探讨所试点政策的完善优化机制。二是政策试点地区与政策推广地区共享政策试点数据。通过跨地区共享测试样本结果和数据结论，政策推广地区可以从政策试点地区定期报送的政策试点数据中积累经验和案例，为在所试点政策基本架构基础上进行适时实地的调整优化进行支持与提前介入。三是探索政策试点地区与政策推广地区建立"干中学""边试验边推广"，通过简化流程、试点步骤的结构化、试点案例的多理论介入等方式鼓励风险可控的政策试点实现"即试即用"以缩短实验实践。四是探索建立跨区域联合沙盒测试机制，对证明具有普适性的政策试点可以按试验比例组成跨地区试点，多地同时进行测试。

第九章 规划－政策目标治理闭环

一、问题的提出及含义

（一）在动力转换中嵌入规划－政策目标治理闭环的实践指向

规划－政策的目标治理闭环源自计划经济时代的"五年计划"。规划－政策的目标治理闭环是中国治理场域中高频出现的宏观经济治理工具。中国当前处于"十四五"规划时期，以往制定和实施的十三个"五年规划"已经以实践效果证明了这种治理工具所具有的治理效能。随着社会主义市场经济的嵌入，"五年计划"也适时调整为更具市场兼容性的"规划—政策的目标治理闭环"，并成为经济管理部门推动包含区域经济动力发展转换在内的经济发展常用的政策工具。

规划－政策的目标治理闭环是中国最重要的治理工具，从工具理性的角度看，其实施机制具有明显的可辨识的工具特征。规划－政策的目标治理闭环的实施机制是一个涵盖多元政策目标的复杂目标体系，并通过制度创新机制、资源跟进、利益激励机制与项目嵌入机制实现规划内多元目标的匹配与实现。区域经济发展动力转换从战略到政策的展开过程滞后于具有高度变化不确定性的政策应用场域，两者如何互动调适是区域经济发展动力转换中的政策制定难题。而在区域经济发展动力转换实践中形成的以"规划－政策"互动寻求政策规制与环境变动平衡的方法有效回应了这一难题。

规划—政策目标治理闭环是指在组织架构中向原有科层结构嵌入以规划制定、目标分解、目标考核为内容的目标治理机制，以整合与动员组织内资源，协同完成所设定目标的治理循环。规划－政策的目标治理闭环综合了科层体制与市场体制绩效管理的优势，成为经济管理部门为取得预定经济管理绩效而经常采用的治理工具。

在区域经济发展动力转换中，规划－政策的目标治理闭环建构区域经济发展动力转换战略的"伞状架构"：在"规划－政策"的目标治理闭环中进行战略的控制、学习、适应，如果把战略比作一把伞，则规划就如同伞架一样是对所在区域经济发展状况、发展结构、发展动态的框架化抽象，而战略的细节则在执行过程中不断形成并修正完善。具体来讲：政策制定者在界定政策问题的基础上审慎制定规划框架与衡量标准，这种规划框架与衡量标准要充分考虑到政策执行场域环境的多样性及政策执行者执行可用资源、能力等多重因素，因此在设定之初就留下自由裁量的空间；政策执行者在既定规划下自主采取政策措施对市场主体进行政策激励；政策制定者通过经济指标等所反映的信息对政策执行进行考核，确保政策轨迹不偏离既定规划；规划具有可修正弹性，根据政策执行绩效及政策环境变动进行修正。

（二）规划－政策目标治理闭环的含义

规划－政策目标治理闭环的逐步演进实际上是我国计划规划传统与新公共管理运动产生的理论结合的产物。其理论演化于中国治理情境中的规划－政策的目标治理闭环与新公共管理运动所推崇的目标管理。规划－政策的目标治理闭环的公共事务治理是通过整体设计（即规划）未来的目标体系，并从目标体系中寻找关键驱动因素进行绩效管理以引导资源配置，从而通过目标设定与绩效管理流程实施实现目标体系的治理模式。规划－政策的目标治理闭环的优势在于其整合治理过程中的分散知识形成整体知识，并根据知识设计提供公共产品。

（1）规划－政策目标治理闭环以目标体系为形式，内含多样化的治理目标。多样化的治理目标至少包含三个层次：所嵌入场域涉及不同内容的多元目标；跨期的期间目标及最终目标；不同嵌入场域所追求的差异化目标。

（2）规划－政策目标治理闭环以预先设置目标的形式内含政策嵌入的治理能力。规划－政策目标治理闭环在目标预先设置与发展实际状况差距的空间内进行政策嵌入以实现预期治理目标。这种治理能力提供了运用多种政策工具动员多元主体进行有效治理的能力集：一是目标分解机制，主要表现为通过对目标进行横向与纵向分解，将相关主体、政策工具、政策客体集中置于目标场域，并通过持续的考核与奖惩实现目标设计。二是激励机制构建能力。规划－政策目标治理闭环综合应用科层机制、市场机制、网络机制等配置资源的激励机制实现多元主体的激励目标设置，为不同主体（科层体系、市场主体）响应目标提供经济激励。三是动员多元主体推进目标实现的治理能力，主要体现为兼容多元主体原有主体网络链接关系，通过利益激励、氛围构建动员多元主体围绕政策目标进行推进。

（3）规划－政策目标治理闭环以整合本地知识与情境知识的形式形成了顶层设计与政策体系推动治理的整体知识机制。规划－政策的目标治理闭环对本地知识与情境知识的整合主要是指规划－政策的目标治理闭环的政策工具充分考量了所嵌入的目标场域的主体特征、利益偏好、资源需求等分散的本地知识、情境知识。规划－政策目标治理闭环所形成的顶层设计与政策体系推动治理的整体知识机制是基于整体与长期利益的考量，对目标实施场域的整体认知（包括目标实施场域的描述性、诊断性、预测性等认知），是从长远的时间框架和全局的空间框架对目标设置与要素配置的种类、数量、次序进行的综合设计。

二、规划－政策目标治理闭环现实意义

德鲁克认为科层制本身具有管理者专业化产生的过度自信、管理层级僵化导致的结构失衡、战略愿景沟通差异产生的层级隔阂等三种效率耗散因素。因此，在区域经济发展动力转换中引进规划－政策目标治理闭环就是将区域经济发展动力转换的战略目标在科层体系内分解，并以目标管理为模板复刻治理闭环以保证区域经济发展动力转换的实现。

（一）传统区域经济发展动力转换政策工具缺陷

1. 区域经济发展动力转换从战略到政策行动支持不足

文化语言学研究表明，中国文化是一种博大精深的高语境文化，即对于字面意思的理解需要更多借助于当时的语境。这使区域经济发展动力转换中层级间沟通能否以易理解和具有可行性的语言诠释和传达战略愿景成为从战略到政策展开顺利与否的第一个考验。区域经济发展动力转换从战略到政策沟通形成的理解差异使意义深远的战略愿景转换为可行的政策实施无法形成科层的共识，产生层级间的各自为政和资源分散，从而使特定层级对目标愿景的努力偏离区域经济发展动力转换战略愿景。在这种情形下，层级间主体就根据各自对战略愿景的理解制定与实施不同的政策，结果就是在统一战略愿景下各方主体却未能与整体战略衔接，从而行动失调，行动效果无法整合与累积。

2. 科层制中的层级间目标未能有效衔接

区域经济发展动力转换中原有的从战略到政策的缺陷是层级间目标未能有效衔接，战略愿景的长期性规划未能转化为层级中部门、个人的微观目标，且同一层级不同主体目标间缺乏协调。传统科层对层级部门职能定位左右层级内主体功能实现，其使部门与个人的微观目标锁定于层级制对部门的职能定位，忽视长远战略目标愿景实现能力。同时同一层级部门之间协调机制的缺失使微观目标之间无法有效协调。科层制的层级设定、职能设定的固定化在保证了组织稳定的同时，也成为科层制中层级目标未能有效衔接的重要原因。

3. 层级间资源分配与战略匹配失衡

区域经济发展动力转换中原有的从战略到政策的第三个障碍是层级间资源分配与战略愿景、政策目标的优先次序匹配失衡。从当前区域经济发展动力转换的实践看，科层制职能设定将规划与预算分化成独立的流程使得预算的使用重点与预算分配和战略愿景的优先考虑问题脱节。

（1）战略规划、预算分配等流程分离。

（2）层级内部主体定量性、增量性的微观政策目标考量不足导致资源分配缺乏预期。

（3）缺乏跨层级、跨部门、跨时期的规划与资源的协调机制。

4. 反馈聚焦微观战术目标而非宏观战略愿景

区域经济发展动力转换中原有的从战略到政策的第四个障碍是缺乏聚焦宏观战略愿景的成效反馈，而主要聚焦于微观的战术目标。反馈的缺陷在于：缺乏共享战略框架下所有参与主体贡献衡量的明晰化；缺乏从政策效果评估检验战略目标与行动计划之间关系的反馈流程；缺乏随战略环境对战略愿景进行调试的反馈流程。

（二）规划－政策目标治理闭环的优势

1. 规划－政策目标治理闭环流程始于战略环境分析

规划－政策目标治理闭环流程从战略到政策的展开始于对区域经济发展动力转换的战略分析，即考虑如何在区域已有战略优势与机会、资源禀赋、制度资源的基础上，规避环境中的威胁，从而实现区域经济发展动力的转换。要实现区域经济发展动力转换，经济管理部门应该组织专家、市场主体、不同公共部门论证其区域经济发展动力转换的战略愿景，在战略愿景确立以后确认其内部层级的目标和指标。规划－政策目标治理闭环始于战略环境分析，其意义在于传统的战略到政策的流程仅仅是在战略框架下进行流程重组与机构改革，规划－政策目标治理闭环则强调与战略环境匹配的流程与组织再造的关键性。更重要的是由于战略环境的易变性，规划－政策的目标治理闭环将组织知识的更新、信息技术的嵌入、职能流程的权变等方面，进行重大的革新和改善，从而创造整个治理闭环中达成共识的组织基础，形成不同主体通力合作的治理网络模式。

2. 沟通与连接战略目标和指标

通过会议传达、文件传达、典型示范、行动展示使区域经济发展动力转换在规划－政策目标治理闭环中得到自上而下的沟通。自上而下沟通的目的是让科层体系中的所有主体都明晰宏观战略愿景与微观具体目标，进而使其通过政策制定与实施得以实现。区域经济发展动力转换中的这种沟通试图把宏观的战略愿景分解为具体的政策目标，如区域经济发展动力的一个战略愿景是生态保护，具体到政策制定层面，可以通过节能等约束性指标实现生态保护的目标。通过日常经常性的战略理念的沟通理顺微观政策目标与宏观战略愿景的关系，能够使治理闭环中的主体以日常工作连接战略目标与指标，从而支持整体战略的实现。

3. 以挑战性目标值驱动组织变革

区域经济发展动力转换的战略愿景是长期性的战略目标。为了有效实现战略愿景，从战略到政策对目标值进行分解后，层级间设置目标值时要在组织流程与组织学习方面设置具有挑战性的目标值，挑战性目标值的设置是为了给战略愿景的实现设定提前量。所设定的挑战性目标值应当来源于区域经济发展动力转换的愿景、外在战略环境分析下的战略期望。这些挑战性目标值的来源具有科层制内部层级的主观性，所以可以采用效法其他区域经济发展动力转换的最佳模式的标杆法，它可以用来效法他人的最佳模式，可以加强说服性，同时还可以参照验证科层制内部层级的目标值。挑战性目标值的确立能够驱动整个区域经济发展动力转换所依托网络的资源配置、组织变革、流程再造得到安排。因此，规划－政策目标治理闭环中挑战性目标的设置为组织持续改进提供了合理性重点和继续整合的基础。与传统组织变革目的是降低组织成本不同，规划－政策目标治理闭环设置挑战性目标值可以帮助检验闭环考核长期结果的达成情况并驱动组织变革，吸纳必要的组织资源。

4. 加强战略反馈与学习

规划－政策目标治理闭环设计中融入战略学习框架，其使组织学习贯穿区域经济发展动力转换过程并渗透网络层级。通过"上下来去"模型，指标监测的战略反馈固定模式使战略反馈和检验战略所依据的事实的获得成为可能，并使区域经济发展动力转换战略愿景能够依据战略环境进行调适。鄢一龙等提出"整体知识与目标治理"理论，认为规划的本质是依赖"提供什么、如何提供"的"整体知识"实现公共产品与整体知识的生产与使用的过程，即"通过有意识地运用整体知识，制定规划，引导资源配置，以推动目标实现的公共事务治理方式"，即目标治理。[①]目标治理内涵通过战略反馈进行结果导向反推组织过程的学习机制，并赋予达到结果的手段的多样性。规划－政策的目标治理闭环在区域经济发展动力转换中与科层制中的干部考核制度结合，内嵌于区域规划－政策的具有自由裁量空间的层级体系中，依托网络治理、科层治理、动员治理机制激发区域经济发展动力转换中的相关参与者实现转换问题解决的创造性。

三、规划－政策目标治理闭环机制设计

规划－政策目标治理闭环机制设计不是衡量政策效果的工具，而是通过规划－政策的目标治理实现区域经济发展动力转换的战略愿景。所以其机制设计并非是开发描述结果和目标值的衡量指标的激励和评价体系，而是通过嵌入规划、政策、目标、因果驱动机制设计协助实现区域经济发展动力转换战略并取得战略反馈的战略管理系统。规划－政策目标治理闭环的组织变革、流程重塑都是在这种理论框架基础上建立的，使区域经济发展动力转换所依托的社会网络全神贯注和资源集中于优先目标。

规划－政策目标治理闭环效果实现得益于其机制设计贯穿始终，反映战略愿景，以战略愿景驱动流程改进与组织变革，从而为整个治理闭环带来突破性业绩。规划－政策目标治理闭环协调并支持重要流程、阐明并沟通战略，促使微观政策目标、组织资源与战略愿景协调一致，并通过组织学习获得反馈以调适战略。正如西蒙所说，在管理系统设计中，每个人似乎都知道管理系统的设计影响着管理活动日常运作，但是很少有人系统理

---

① 吕捷,鄢一龙,唐啸."碎片化"还是"耦合"？五年规划视角下的央地目标治理[J].管理世界,2018,34(4):55-66.

解如何设计管理系统以实现愿景。而规划－政策目标治理闭环通过抓住核心要素及其之间的因果机制设计治理闭环，实现了西蒙所称的"系统理解如何将目标战略化为行动"。

（一）通过"上下来去"机制实现层级目标耦合

规划－政策目标治理闭环通过"上下来去"实现了层级目标耦合。区域经济发展动力转换的政策制定主体在规划到政策的治理闭环中贯彻一切从实际出发的原则，实现"从群众中来，到群众中去"的上下互动过程，从层级角度目标制定的规划是对下一层级规划的汇总抽象，目标规划的执行是由上到下的层层分解、展开；从历时角度，规划－政策的目标治理闭环综合了对以往区域经济发展状况经验的判断与对未来区域经济发展趋势的预测。

规划－政策目标治理闭环的目标耦合了"上、来"两种路径：

（1）通过全面调查研究，摸清区域经济发展的资源禀赋、制度基础、问题所在，广泛征询各方对区域经济发展动力转换的意见和建议然后进行整理、加工、提炼，形成规划－政策目标治理的大致方向。

（2）规划－政策目标治理闭环中的目标耦合主要是通过目标制定与实施的层级间的反复沟通协调形成目标的衔接，其具有"分层决策、平行编制、纵向引导"的特点。规划－政策目标治理闭环中目标的确定是层级之间信息交换的产物，并且区域经济发展动力转换中层级间的规划必须符合下级规划是在区域发展动力转换战略愿景框架下建立，并以能否获得科层体系内资源分配作为规制措施是否在战略愿景框架内的标准。

规划－政策目标治理闭环的目标耦合了"下、去"的两种路径：

（1）将规划－政策目标治理闭环中的政策返回到群众中去，通过政策宣传、政策示范使区域经济发展动力转换真正化为自觉的政策行动。运用政策话语修饰引导区域经济发展动力转换公众议程设置。政策话语是贯穿政策制定、政策执行，力求实现政策合法化（获得公众认可）而向政策执行者、政策利益相关方和公众传达的内容集合和信息载体。政策话语通过文本的自上而下传达具有引导认知、主张规范、协调沟通的功能；政策话语将价值理念、利益引导、规训惩罚以政策文本形式表达，起到主张政策逻辑和必要性的认知功能。因此，政策话语蕴含信息的知晓度将影响政策话语受众的认知。区域经济发展动力转换政策涉及利益相关方众多，这些利益相关方包括各级政府、市场主体、理工背景的研究人员等，他们的知识背景、经验、理解能力各异，政策话语需要充分考虑到这些因素。

（2）目标向下传导机制是指在层级间的向下传达以何种内容和方式实现目标任务的机制。这种机制包括层层分解目标、压力传导推动、自由裁量权的预留空间。层层分解目标是指规划－政策的目标治理机制会将区域发展动力转换的战略愿景在层级间进行目标分解，这种分解包括部门目标分解与阶段目标分解，并通过行政奖励与处罚措施保障分解目标的实施。国内学者一般用行政发包制总结这种层级间的目标自上而下的分解机制。行政压力传导机制是科层中的上级组织通过绩效考核、奖惩机制、资源分配等调整下一层级行动与目标显著不同的行为的方式，从而促使层级网络行动按照战略愿景完成目标。这种行政压力传导机制集中体现在规划－政策的约束性指标设置中，在区域经济发展动力转换中通过"层层分解、层层监督、层层考核"的目标管理得以实现对目标完成的跟踪评估、目标导向作用。行政压力传导机制中约束性指标的导向性作用更多地起到了战略愿景自上而下的信号传递的外溢作用。自由裁量权的预留空间机制是指政策话语力求通过明晰与政策共同体基本价值的符合度主张政策适当性的规范功能，形成自上而下的规范及自下而上的协调互动领域。运用政策话语进行的框架化设定可采用分类分级梯度化方法以增强依据战略所细化的政策在差异化的区域及未来长时间的适用性，同时为通过政策执行过程中的协商、沟通保持对差异化环境的灵敏回应预留政策话语空间。

（二）组织学习机制

规划－政策目标治理闭环的组织学习机制集中于在将战略转换为行动的过程中对因果关系假设的探寻与总结。规划－政策目标治理闭环在传统的网络治理、层级治理通过资源配置、目标激励配合战略实施的基础上增加了战略反馈分析和环境与流程匹配检验的组织学习流程。规划－政策目标治理闭环凸出组织学习的重要性是因为在信息时代复杂性与多变性成为战略实施环境的显著特征，规划－政策目标治理闭环在复杂多变的环境中需要加强组织学习获取更多信息反馈以确保战略实现。规划－政策目标治理闭环中的初始战略愿景是在当时战略环境下最好的设计初衷和环境的完备信息，但随着战略环境的变化可能会变得无法匹配战略环境。

1. 有效战略组织学习的内涵因素

组织学习就是在对原有规划－政策的因果关系机制的质疑中产生，是运用成熟理论框架对当前战略环境与原有战略愿景、政策目标的偏差迹象进行的观察和反省。这种组织学习机制将战略视为学习过程，通过战略调适去捕捉新机遇或对抗问题威胁。有效的战略组织学习包括以下几点。

（1）有效战略组织学习的基础是有关区域经济发展动力转换战略结构的共同知识。这种共同知识包括层级内个体对自身整体战略贡献定位的认知、调动治理闭环积极性的战略愿景。这些共同知识构成了战略涉及的多元主体学习与战略理解的概念框架，并对整个治理闭环内主体所追求与理解的目标的界定产生影响。以规划－政策目标治理闭环为中心构造的群体共同愿景和共享绩效的使命感是驱动从战略到行动组织学习的首要因素。

（2）基于因果机制验证的反馈流程。规划－政策的目标治理闭环依据区域经济发展动力转换实施中的绩效资料，检验从战略愿景到政策目标的因果机制假设的适当性，并对目标分解过程进行重新检视。规划－政策目标治理闭环的因果机制假设能够使层级间根据战略愿景制定具体微观目标，是科层内部对过去政策绩效、政策环境、业绩驱动因素等的最佳预测，而这种最佳预测明显是滞后于环境、环境与绩效的影响机制的变化的。因此，最初的从战略到政策的过程只是主观和定性的，还需要建立基于因果机制验证的反馈流程，通过验证多指标之间的相关程度来修正因果关系假设，从而调适整个规划－政策的目标治理闭环。在区域发展动力转换实践中除了依据期间指标分析，还可以通过情景分析与突发事件应对来建立反馈流程。情景分析主要是将区域经济发展动力转换中的统计数据汇编后挖掘关键变量相关性，并通过实现程度欠佳的指标寻找外部战略环境与预期的差异、重要驱动因素的遗漏；在指标量化分析战略情景的基础上，以情景分析激发对于区域经济发展动力转换因素的思考。情景分析所用的历时性数据用来分析微观政策指标相关性和因果关系具有较强代表性，但其对较长时间的数据积累和证据可靠性需要进行统计学检验得出具有统计意义的结论。因此，在区域经济发展动力转换中对超出战略预期的突发事件的分析是战略学习的另外一种有效途径，可以为规划－政策目标治理闭环提供有效组织学习的早期线索。当然，从细微、孤立的事件中提取有益线索对组织学习能力中的灵敏性分析提出了较高的要求。

（三）层级间战略协同机制

层级间战略协同机制理想的状态是实现治理闭环内"上下同欲者胜"的协同，即治理闭环中多元主体及主要的外部利害关系人共同理解与支持战略愿景与个人目标连接，并由于激励与规训机制的驱动使自身行动支持治理闭环战略愿景的实现。

规划－政策目标治理闭环中的层级间的战略协同规模庞大而流程复杂，其中涉及多元主体及复杂的利益诉求，其层级间及跨网络、跨期的战略协同需要应用多个相互联系的机制将战略和规划－政策目标治理闭环转变成作业级的目标与衡量方法，并为资源投入优先顺序设定规则。这种多元的相互联系机制包括但不限于：通过会议论坛、全员轮训、网络机制调整、符号标识更换等形式在规划－政策目标治理闭环中沟通战略愿景及目标分解网络，使多元主体知晓区域经济发展动力转换的规划－政策目标治理闭环及对未来的行动建立合理预期；基于实践经验总结与理论建构区域经济发展动力转换的目标分解机制，使治理闭环中的多元主体在理解战略愿景的基础上将战略级规划转化为作业级的目标群，并在适时条件下转换为具体、可及、可衡量的指标；在治理闭环的战略愿景、目标分解机制多主体沟通与全员教育实施以后通过嵌入激励与规训机制驱动治理闭环的可持续运行。在区域经济发展动力转换中，规划－政策目标治理闭环将上述机制耦合，以推动多角度、多主体的作业级目标与战略级目标，主体行动与治理需要的结合与协同。

1. 在治理闭环内沟通战略愿景

规划－政策目标治理闭环是协调战略愿景统一性与作业级政策环境多元性矛盾的有效治理方式。其实质是通过多层级的沟通及层级间自上而下的战略愿景的引导与层级间的激励规训实现层级间行动与目标函数的耦合。规划－政策目标治理闭环内的这种耦合是一种发包设计：治理闭环中的网络或层级顶端通过科层体系的高位势能将战略愿景分解成战术级的目标与标准"发包"下一层级，这一层级将战术级目标依据政策环境细化为作业级考核指标并进一步发包给作业层，最终的作业层级在考核指标的指引下响应实现作业级目标并累计形成战略愿景。此外在治理闭环内沟通战略愿景要注意沟通方式，即在明确沟通对象特点的基础上将战略愿景以传播对象易于接受的方式进行传播，使其知晓战略关键信息，提前布局建立目标达成的反馈路径。

在治理闭环内沟通战略愿景还需要传递战略愿景是战略闭环中的集成的业绩模式的中心思想，即以治理闭环各层级的关键业绩驱动因素的界定为圆心沟通治理闭环所有层级目标的中心框架集成，以使战略愿景—战术级目标—作业级目标成为连接规划－政策目标治理闭环所有次中心框架的耦合。规划－政策目标治理闭环中战略愿景的共同分享与目标分解流程往往引致一连串作业目标的设定来衔接战略愿景。但是治理闭环中各层级作业对于目标的达成具有初始的流程、组织架构等制度资源，因此要注重层级间战略协同嵌入和与原有制度资源的兼容性，并在结构上通过流程优化与组织架构的重组实现结构的衔接以推动战略目标和指标的实现。

2. 层级间战略协同可持续的激励机制嵌入

在区域经济动力转换中，在规划－政策目标治理闭环中嵌入激励机制以实现内部层级间的战略协同已经成为多元主体的共识。但是对于如何实现激励机制的嵌入，理论界、实践界依然存在分歧，在治理项目中将激励机制与目标分解机制挂钩成了典型的方式，并因挂钩方式的不同呈现不同的实践形态。

（1）目前通用的激励机制以考核目标达成的程度作为标准，但是基于结果的激励机制并非层级间战略协同可持续的理想方案，因为许多突发因素将影响最终的考核目标的达成程度。理想的做法应该是根据多元主体在层级间战略协同的能力与努力投入及其决策和行动的质量决定其利益获得。

（2）治理闭环内的激励与规训是典型的外在制度的嵌入，外在嵌入的有效性取决于激励与规训对于区域经济发展动力转换目标—行动—绩效三者连接紧密性的内生转化程度。激励与规训由外在嵌入向内生转化将激励治理闭环内多元主体的创造力和创新精神，创造性突破目标分解体系的约束条件以使作业级目标趋近战术级目标、战术级目标趋近战略级目标。此外，在规划－政策目标治理闭环中，战略愿景的阐明及关键驱动因素的明晰有助于闭环内多元主体清晰定位自身与治理闭环战略愿景及目标分级体系的关系。因此，所嵌入机制应将激励规训与指标体系挂钩，这种挂钩需要由注重结果向结果与过程并重转变、定性评价与定量评估结合，通过治理实验探索和治理经验总结证据，帮助治理闭环反馈环节在评价过程中实现流程改进与战略愿景实现的双重效果。特别是增加通过加强战略级目标、战术级目标、作业级目标在治理闭环主体的层级之间、网络之间通过目标和行动的对话定性评价治理闭环内多元主体的能力和努力。

（四）规划－政策目标治理闭环的目标分解机制

规划－政策目标治理闭环的优势之一就在于发展出从战略到政策实现过程中的战略规划愿景和政策制定能力中衍生出的衡量和管理系统。实际上规划－政策目标治理闭环是一种战略实施机制，而非战略制定的机制。这种闭环机制将区域经济动力转换中的业务单元战略实施、区域经济动力转换需求、内部业务流程的战略内容转化为特定形式的指标集合，并嵌入信息反馈与监督实施环节以使其成为完整闭环。缺乏目标分解机制的治理会导致形式的核心竞争力和组织架构相关战略与实际治理过程脱钩，并将未能实时反映治理绩效的预算完成指标作为治理业绩的重要总结而予以保留。规划－政策目标治理闭环中的目标分解以更具广泛性和整合性的目标分解机制将组织流程、组织学习、治理需要、治理绩效整合成闭环。在规划－政策目标治理闭环语境中，治理中预算的完成情况不足以引导和评价治理闭环的运行趋势。规划－政策目标治理闭环通过全面的目标分解框架实现治理的愿景和战略转变组织中个体的共同愿景。即规划－政策目标治理闭环将使命和战略转变为组织流程、组织学习、治理需要、治理绩效的目标和指标框架。这种目标分解机制和指标框架是以易于在区域经济动力转换中进行传播的语言进行编码，其以衡量指标的形式呈现给多元参与主体关键驱动因素。

规划－政策目标治理闭环通过目标分解机制凝聚多元参与主体的经验、能力和知识，驱动产出治理闭环渴望获得的战略结果。从目标分解机制逆向回溯，规划－政策目标治理闭环是长短期目标、静态结构和动态网络、外部问题界定和内部政策破题的平衡。规划－政策目标治理闭环要实现上述多元平衡必然要求基于目标分解机制设置多样性的指标以支撑治理闭环实现。此外目标治理闭环的实现还需要循目标机制嵌入信息传播机制、组织内柔性程序的生成机制。这些机制综合作用复刻形成目标治理闭环外部环境信息、治理对象的问题表征等信息，通过目标分解机制形成的业绩压力激励作业级启动角色定位和治理闭环的应对程序以实现治理闭环总绩效目标。在作业级业绩目标累积的过程中衡量、反馈与改进关键驱动因素绩效和内部组织流程，治理闭环中所有实践都旨在通过在闭环内整合实现规划。

规划－政策的目标治理闭环的目标分解机制是基于目标间因果关系假设而进行的目标从战略级到作业级的分解过程。这种目标间因果关系假设是吸纳了治理实践与经典理论对目标治理闭环层级进行的分切，分切结果能够证实和阐明规划、目标与关键驱动因素的因果关系假设，并能够经过求和呈现与治理闭环战略目标的偏差程度从而在战略框架内进行适时微调。通常来讲，规划－政策的目标治理闭环的因果关系链涵盖治理流程改进、组织学习、关键驱动因素的分解四个层面。

1. 治理流程改进层面

治理流程改进是实现规划－政策目标治理闭环的至关重要的环节。传统的区域经济发展的管理过程通常是在设定年度经济发展目标后就开始为内部业务单元、内部业务流程层面设计目标和指标。这种设定能使治理闭环在设定内部业务流程指标时将重心置于已设定的规划层面。相比于传统的区域经济发展的管理过程，规划－政策目标治理闭环重视分析治理流程的内部价值链的改进与优化：将流程的设计创新作为内部流程价值链的开端，即从对区域经济动力转换的问题界定产生治理需要，以满足治理需要为基准对既有的流程进行改进，并从治理闭环的改进获得价值增值。

目前治理闭环的治理流程改进将精力集中于组织架构改善、集体合作达成、战略框架协议签订等目标上，这些目标具有改善治理绩效的形式符号意义，但对于治理绩效的实质性改善效果欠佳。近年来国外许多治理项目实践的失败证明了在区域经济发展动力转换中治理流程改进与治理效果连接的必要性：规划－政策目标治理闭环必须以治理效果达成为导向，特别要注重治理需要及界定问题的破题，通过对流程中价值链条进行改进规避治理闭环把改进方案本身而非改进价值创造过程作为终极目标的倾向。为避免治理闭环因不能从变革方案获得具体效益利益而丧失信心，规划－政策目标治理闭环内涵的指标、关键驱动因素的因果关系都应该与治理目标挂钩。

2. 组织学习层面

归根结底，治理闭环能否有能力达成其规划－政策目标治理闭环中的政策目标，要视其政策学习与执行的能力。区域经济发展动力转换中的组织学习生成是在区域经济发展动力转换场域中决策者在理论与实践互动、决策体系内部观点碰撞基础上引入的新知识要素：知识来自外生理论与经验的扩散或内生于决策者自身的经验或试验。外在政策理论与政策经验的扩散主要是区域经济发展动力转换情境所学习的标杆或在决策体系内决策者所面临问题具有相似性所产生的政策解决方案的分享与借鉴；内生于决策者自身的经验或试验的部分是面对待解政策问题或突发危机造成的压力时，决策者从经验总结中形成解决办法的建构性知识，然后通过局部范围的试验验证方法论的有效性。

3. 关键驱动因素的分解层面

在规划－政策治理闭环中，关键驱动因素的分解在叙述文字描述的基础上，通过治理实践活动进行细节化分解。规划－政策目标治理闭环嵌入区域经济动力转换初始面临的实施情景与具体政策绩效无法评估衡量的问题，因此建议采用文字叙述载体指标，陈述战略级及作业级目标，通过逐步的实践试探形成基于关键驱动因素分解有效可达成的指标体系。以文字叙述为载体的目标体系定性具体而定量含糊，无法精确衡量实践的成本与收益，因此需要在规划－政策目标治理闭环实施过程中定期全员的头脑风暴法进行关键驱动因素的分解研讨，重点挖掘行动与成果的因果关系链条。头脑风暴会议、专家讨论对于目标与绩效的定期成果总结和责任回顾反馈为头脑风暴法、专家讨论分析提供具体基础；定期成果总结与责任回顾反馈衡量基础材料的建构目标体系与实践绩效的差距并警示，为规划－政策目标治理闭环的有效实施提供改进的沟通基础。

规划－政策目标治理闭环构建的目标分解体系是包括构成战略目标的概括性指标与关键驱动因素指标的混合指标体系。概括性指标是关键驱动因素作用集成形成反映规划实现结构的指标，属于滞后性指标范畴。业绩驱动因素则是领先指标，反映区域经济动力转换中特定业务单元关键驱动因素的独特性，如基于区域经济资源禀赋建立的要素生产的考核指标、反映区域经济治理需要与价值主张的指标。概括性指标与关键驱动因素的分解的设定是规划－政策目标治理闭环目标分解体系的核心过程，两者缺一不可：缺失关键驱动因素的分解将无法显示规划目标的实现过程，也不能获得战略目标能否有效达成的提前反馈时间并及早进行战略干预；相反，仅具备关键驱动因素分解而没有概括性绩效指标虽然对区域经济动力转换具有短期的绩效改进效应，但无法揭示这种绩效改进效应是否对治理需要实现和所界定问题的解决具有战略目标达成的价值提升意义。

（五）基于规划－政策目标治理闭环的资源分配支撑机制

基于规划－政策目标治理闭环的资源分配支撑机制要实现人力资源、预算资源与规划战略协调一致，并且在年度预算基础上，灵活调整的年度酌量性支出会随着战略目标分解下的任务目标的微调进行调整。资源分配支撑机制的实现是从识别规划－政策目标治理闭环的关键驱动因素开始，衡量规划－政策目标治理闭环需要突破的目标绩效要求与当前业绩的差距，资源分配机制动态跟踪关键驱动因素与差距的缩小幅度以确定资源分配的数量及优先顺序。因此，基于规划－政策目标治理闭环的资源分配支撑机制建立了通过绩效改进目标与挑战性目标的治理设定引导资源分配以实现规划的战略目标的成果机制。

基于规划－政策目标治理闭环的资源分配支撑机制在目标设定上采用规划战略目标分解下的业绩最佳标杆法与情景规划法。规划战略目标的分解为若干目标的集合，将存在业务联系的目标进行人为分解的过程是对目标集合进行去联系化的过程，这个过程使目标值的定性衡量成为难题。业绩最佳标杆法与情景规划法为破解资源分配机制的定性衡量难题提供了有效的分析方法。业绩最佳标杆法是选择行业内或者治理区域内关键驱动指标方面的先进典型，在运动分解业绩最佳标杆法并确定实施具有可行性的基础上将其设定为目标值，根据目标值的设定采用案例比较方法参照目标单位比照制定自身治理区域的目标实现步骤。情景规划法是通过将战略目标实施情景进行假设，在假定情景中根据关键驱动因素将规划目标分解成具体可实现的目标结构，在微观目标结构基础上通过行动方案中重点资源的嵌入实现目标达成的累积，从而使战略目标实现的方法。

基于规划－政策目标治理闭环的资源分配支撑机制优势在于改善传统经济治理中主体因各自为政而对有限资源、管理资源的注意力分配进行争夺而导致的效率耗散。基于规划－政策目标治理闭环的资源分配支撑机制的创造性改善基于以下三种途径。

1. 规划的愿景性设定指引关键驱动因素的根本性改进

规划－政策的目标治理闭环在制定时是从规划到政策的自上而下的分解过程，在实施过程中是以治理闭环中关键流程的优化与关键驱动因素的改进为基础累积实现规划目标。但是在区域经济发展动力转换实践中，管理层常常发现仅仅优化关键流程与局部改进关键驱动因素不足以实现规划目标。这说明应该建立规划－政策与关键流程优化、关键驱动因素改进的连接联动机制，使管理层能够及时根据战略目标在框架化设定中的重点的微调联动调整优化关键流程，重新布局在关键驱动因素的资源投入。在规划－政策目标治理闭环中，一定时期的战略规划既定，但实现战略规划的途径具有多样性，既可以通过提升资源与战略的匹配度，又可以通过提高资源利用效率、调整组织架构与优化组织流程实现战略目标。规划－政策目标治理闭环通过规划的愿景性设定划定了衡量区域经济动力转换的微观目标范围，并成为引导组织架构重构与业务流程再造优化、职权边界再次划分的依据。而规划的愿景性设定指引关键驱动因素根本性改进的实现就存在于在愿景实现的过程中，治理区域内的多元化主体通过建立网络机制加强联系支持并分享最佳实践检验、关键治理技术和核心自理能力、资源汲取及分配机制，从而实现治理闭环内的规模经济或范围经济效应。

2. 在目标治理闭环中嵌入基于衡量指标的资源分配支撑机制

管理学通常认为"没有衡量就没有管理"，而在规划－政策的目标治理中指标能否衡量、如何衡量将影响治理中对关键环节、关键流程的注意力分配及资源分配。基于衡量指标的资源分配支撑机制其实是基于区域经济动力转换中实践与预设状态的偏离信息对资源进行的有目的的分配与调整。基于衡量指标建立资源分配支撑机制的优势在于实现治理闭环的时间、精力、知识和能力等有限资源随衡量指标所产生的信息在关键内部流程中延伸，从而依次实现治理闭环内作业级、战术级、战略级目标。

3. 目标治理闭环流程改进与目标体系挂钩

规划－政策目标治理闭环将系统化流程改进或转型与目标体系挂钩，以系统化方案减少流程中的缺陷，如治理工具依赖原有管理思维的路径依赖，区域经济发展动力转换依赖外来资源植入缺少内生流程培植，强调经济动力转换中的技术治理手段应用而缺乏价值理性的反思。目标治理闭环流程将流程改进与目标体系挂钩来发展全新的运转流程方式，在承认原有流程制度资源基础上镶嵌目标体系从而改进流程根深蒂固的缺陷，重新设计校正流程堵点从而实现目标治理闭环循环。

第十章　以项目制撬动区域经济发展动力转换

一、项目制定义

在实践场景与理论探讨中，项目制形成了不同情境下的不同含义。项目制在事本主义视角下是为完成特定目标而进行的组织构造与资源配置的临时性实践；项目制在治理语境中是通过系统实施项目，整合与跨越原有科层关系而达成所设定目标的治理模式；项目制在政策工具语境中是在具体实施过程中调动执行者积极性的行动策略构建。因此，系统梳理项目制定义对于明晰项目制嵌入区域经济发展动力转换场域的行动逻辑、动员机制、应对策略具有理论指导价值。

（一）事本主义视角下的"项目制"

事本主义视角下"项目制"中的"项目"是在目标导向、期限设定与资源约束三重条件限定下，围绕事情本身内在逻辑进行组织架构、任务分解的设定以达成预期目标。从组织架构设定来讲，项目制为完成特定目标超越原有"条块分割"的科层体系架构设置矩阵式组织结构；从任务分解设定来看，项目制的要素组合、资源配置围绕任务分解重新设定，效能与效率得以提升。

（二）治理语境中的"项目制"

治理语境中的"项目制"指国家分税制改革后，国家在资源配置上以项目承载的资源形式调动地方政府积极性以高效率实现设定目标，在组织架构上以矩阵式结构实现央地联动以提升公共服务的效率与效能。学者折晓叶等人认为，"项目制"实际是一种分级治理逻辑。分级治理是以具有市场因素的竞争激励授权局部替代科层体系的行政指令性授权，从而为实现从国家战略到地方政策的分级开展与资源依次配置提供制度保障与行动激励。治理语境中"项目制"外在表现为类似"招投标"的资源招标、资源分配的多主体参与的治理运作模式。

（三）政策工具语境中的"项目制"

政策工具语境中的"项目制"是项目制在长期的运用中使用主体内化形成的以"要素跟着项目走"为标志的主体动员及资源整合的激励机制和行动策略构建。动员多元主体参与的激励机制的特性远远超出激励制度本身，其侧重点在于主导性主体整合多元多层级利益主体围绕问题界定与目标达成所形成的参与治理思维图式。资源整合的行动策略构建是在"项目制"运作中进行，资源与主体互为环境而共生，并在这种互融共生中形成新的治理协调机制。

二、项目制预期运作效果与运作机理

（一）项目制预期运作效果

项目制在实际运作中实现了以下运作效果。

（1）从项目主体的合作达成来看，项目发包方通过资源嵌入的利益诱导，吸引具有完成既定目标能力的多元主体围绕既定目标展开行动。

（2）从项目的运作流程来看，项目具有工具理性与组织架构功能，即超越原有的科层体系与资源配置束缚，通过矩阵式组织架构的重构使目标设定在跨级、跨界中完成。

（3）从资源的输入结果来看，通过跨级、跨界的资源输入，项目的操作层达成既定目标的治理能力提高、治理资源需求得到满足，实现了项目矩阵式架构内生性合作生成与资源主体和操作主体的直接对接。

（4）从对原有科层结构的影响来看，项目的嵌入所形成的矩阵式组织架构重新定义了原有科层结构中的战略层、业务层、操作层三者关系。在项目工具嵌入过程中，多元主体利益诉求的碰撞与合作关系的达成将使项目工具渐进演变为具有原有科层与市场机制嵌入的治理模式。

（二）项目制的具体运作机理

区域经济发展动力转换所嵌入的项目工具组织间关系主要体现为资源提供、分配与使用的协作关系。据此，项目制的具体运作机理可分解为五种运作因素。这五种运作因素是项目预设目标、项目考核标准、项目可用资源及激励手段、项目矩阵式架构构建、项目认知管理。本书以五种运作因素构建分析框架解析项目制的具体运作原理。

1.项目预设目标

项目预设目标是为了获取与组织目标及使命相契合的运行成果而制定的项目运行愿景。项目预设目标建立了项目的明确指引目标，从而保障团队资源有效整合于既定的目标。项目预设目标通过项目考核标准与矩阵架构嵌入项目运行流程，从而将项目流程中的价值增值作为路径构建和目标标识的关键驱动因素，并在全程的指标监控中重点关注这些关键驱动因素。

2.项目考核标准

项目考核标准是在项目预设的基础上展开的，通过管理项目关键绩效驱动因素互动关系将项目产出和绩效驱动因素串联的指标体系。项目考核标准以可衡量的指标体系为语言，将项目预设目标转变为具有因果驱动关系的绩效考评量度，从而把笼统的目标概念精确化为可量度的目标，借以实现项目预设目标。

3.项目可用资源及激励手段

项目预设目标的实现需要可用资源及激励手段的保障和推进，并且项目可用资源和激励机制会影响项目过程及结果。项目中的每一种可用资源及激励手段都有其特点，要想将其作为项目有效展开的手段，就需要了解这些资源及激励手段的效果，然后以正确的方式在正确的节点创造性地将合适的工具结合起来。而这取决于项目嵌入的能力和是否知晓运用资源及激励手段的技巧，并且在项目运作过程中以性能的实用性而并非以手段的新颖性作为评价标准。

4.项目矩阵式架构构建

项目在具体场域中的嵌入遵循目标决定结构、结构追随目标的原则。具体来讲，项目制中的项目预设目标和结构设计相互支持并共同支撑项目实现。项目制在组织设计上认为项目目标在优先顺序上优先于组织架构，并且当项目目标向新高度跃进时，项目组织架构随之发生调整。

5.项目认知管理

项目理念是旨在解决特定问题的专业技术手段的具体理念；范式理念旨在提供方案实效性标准的认知与规范框架；公众情绪理念是影响政策执行的效果评估和民众认可的有效程度。从认知层面看，项目作为一种外在嵌入势必嵌入场域原有依赖路径、利益结构存在张力，因此需要对项目所实施场域运用象征或概念建立进行认知管理以积累项目的合法性。换言之，要通过项目理念、项目愿景、项目必要性在场域内的传播减轻项目嵌入阻力，重构利益层次与组织架构。

三、区域经济发展动力转换场域中的项目制应用

项目制在区域经济发展动力转换场域表现出"撬动"和"重构"的逻辑，实现了对区域经济发展动力转换资源配置与转换主体关系的嵌入式重构。

何为嵌入？其含义有三：一是项目运作并非脱离区域经济发展动力转换原有制度资源效应而单独发挥作用，而是有机兼容于后者并在与其互动中发挥作用；二是项目嵌入并没有脱离原有的区域经济发展动力转换场域而形塑新的治理场域，而是在原有治理场域下发挥作用；三是项目运作背景下的区域经济发展动力转换治理形态并不是与原有的治理形态相割裂开来的。

如何重构？项目在区域经济发展动力转换场域中的"重构"逻辑能够为区域经济发展动力转换带来新的变量，主要有三点：一是为区域经济发展动力转换带来新的以项目形式供给的增量资源；二是项目嵌入新的转换

主体，并与区域经济发展动力转换场域中原有的利益主体进行互动；三是项目具备示范效应，目的是通过项目嵌入打造具有示范意义的"点"从而带动"面"上的工作。

基于"撬动""重构"功能的发挥，区域经济发展动力转换场域中的项目制需要在主体建构、提升技术理性、防范"内卷"与"共谋"上进行顶层设计。

（一）项目制在区域经济发展动力转换中的主体建构

理论一般认为，主体建构构成支配场域的力量组合，而各种力量的博弈与互动形塑了场域中的规则。区域经济发展动力转换实际隐藏了利益结构的深刻调整，对场域中多元主体博弈形成的规则产生了冲击。因此，任何一种政策工具在区域经济发展动力转换中的嵌入都必须首先定义并建构主体，并在转换过程中对主体角色进行管理。

谁是区域经济发展动力转换中项目嵌入的主体？这是区域经济发展动力转换项目制嵌入需要回答的首要问题。作为政策工具的项目制的显著可辨识特征就是可以根据与项目所嵌入资源的关系分为资源主体、执行主体与参与主体。资源主体、执行主体和参与主体构成了区域经济发展动力转换的主体。通过区域经济发展动力转换的启动与实施，三者跨过原有科层组织架构形成矩阵组织架构。在区域经济发展动力转换中，项目资源主体是区域经济发展动力转换资源的主要输送者，代表区域经济发展整体利益并负责启动项目，主要目的在于调动项目执行者与参与者的积极性，整合资源与行动，实现区域经济发展动力转换意图。项目执行主体是区域经济发展动力转换的"抓包"方和落实者，通过项目的细节设计与具体落实将项目目标贯彻于项目实践，实现区域经济发展动力转换。项目参与主体通过自身嵌入项目的投入－产出控制、行为方向的选择、项目运作的调整实现项目设定目标与自身利益的达成。基于对项目制嵌入区域经济发展动力转换主体建构的理解，可以采取以下措施。

第一，应当赋予市场主体在区域经济发展动力转换中的主体性地位与转换主体的权利。区域经济发展动力转换主体应当是区域经济发展动力转换中的市场主体。然而，由于长期受计划经济思维影响，在区域经济发展动力转换实践中，区域经济发展动力转换主体容易出现主体角色倒置、目的与工具错位，这将延缓区域经济发展动力转换。要想摆脱这种困境，就应当赋权支持市场力量主体在区域经济发展动力转换中的主体性地位。

第二，应当培育区域经济发展动力转换场域内生性组织，并通过内生性组织建设实现项目资源主体、执行主体、参与主体的直接对接。这是因为在区域经济发展动力转换过程中将内生性组织作为项目资源的提供主体与项目的执行主体，能够避免和减少因中间环节过度介入而产生的效率耗散。因此，在区域经济发展动力转换中如何完成区域经济发展动力转换的市场主体的构建就成了区域经济发展动力转换攻坚能否取得重大突破的关键因素。

（二）多种方法并用提升项目技术理性

提升区域经济发展动力转换中项目制技术理性的建构过程实质是推进项目制专业化、技术化的过程。区域经济发展动力转换运用项目制的核心是如何通过提升所嵌入项目工具的技术理性撬动与重构实施场域的因素关系，从而突破区域经济发展动力转换的困境与难题，实现动力转换的效能和效率。项目制技术理性提升之所以重要，是因为没有项目制技术理性的提升作为中介，区域经济发展动力转换所嵌入项目的顶层设计就只能是理论，无法形成具有实践应用价值的方案，更无法转化形成多元主体参与的实践行动。从这个意义上讲，理论有必要探寻如何提升区域经济发展动力转换中所嵌入项目制的技术理性治理。而以往实践证明，情境判断法、混合扫描技术、系统方法论都能够提升具体情境中理论应用的效率，形成对公共事务治理有效组织协调的规范化方法体系。因此，可以把这三种方法引入，以提升区域经济发展动力转换的技术理性。

1. 以情境诊断法提升区域经济发展动力转换中项目的技术理性

在区域经济发展动力转换项目嵌入的设计阶段，需要应用SWOT等情境诊断工具对所在区域经济发展动力转换的战略态势进行分析，重点分析其资源禀赋、发展方向、风险敞口转换等方面，然后根据情境选择适用的政策工具并进行具体设计、提升技术理性、实现目标。以情境诊断法提升区域经济发展动力转换中项目的技术理性，其目的就在于找出项目所嵌入场域的关键"问题域"与"可能的对策域"，并在情境诊断分析的问题界定中对两者不断进行连接检验，从而找出具有政治合法性、经济可行性、技术合理性的项目设计思路。

（1）对项目所嵌入区域经济发展动力转换场域进行横向与纵向比较。对项目所嵌入区域经济发展动力转换场域进行背景分析与类比分析，以充分把握项目所嵌入场域的"情景"：重点分析所在场域宏观趋势与动向，并重点挖掘项目的问题指向与机遇所在，探讨能否通过适当项目设计解决问题。

（2）界定问题，探索项目嵌入路径。在第一步背景分析和类比分析的基础上凝练关键问题，并找寻问题解决的路径：将问题解决置于市场资源配置、政府宏观调控介入、政策网络机制介入的问题解决框架中进行路径设计。

（3）处理好区域经济发展动力转换情境分析的"统筹性"。对区域经济发展动力转换场域进行的情境分析要"统筹"与"动态"考量区域经济发展动力转换中多主体、多政策工具间的复杂网络关系及相互影响机制，从而能够从整体出发判断关键机遇和挑战；以动态发展眼光观测项目嵌入区域经济发展动力转换后产生的影响，并对项目目标与项目框架构建进行微调。

2. 以混合扫描模型明确项目方向

明确项目方向是项目制嵌入区域经济发展动力转换的关键。而明确项目方向至少需要考虑对原有项目资源禀赋的兼容及项目所设置的目标。因此，在方案和路径的设计过程中，一方面要以"理性主义"为设计理念对项目所设置目标构建程序化的分解框架；另一方面需要考虑项目资源禀赋约束、项目实施场域既有路径依赖等项目实施的限定条件，以"有限理性"与"渐进主义"理念，对所选择方案与路径的可行性进行统筹考量。

混合扫描模型将"理性主义"与"渐进主义"决策模型结合，在区域经济发展动力转换中项目制的顶层设计上，体现出了信息充分利用、目标设定、经验提取等"理性主义"决策模型特性，从而能够预判区域经济发展动力转换的整体形势，为项目制嵌入区域经济发展动力转换寻找作用点；在项目执行中有效灵活运用信息与高效匹配项目要素，来控制"渐进决策"的制定和执行，使其能够朝着项目预设方向不断前进，从而设计出科学合理、执行有力的项目执行方案。

3.以系统方法论对项目制进行要素提取

理论中的系统分析方法着重解决项目的经济、技术及政治可行性问题，在研究范畴上聚焦于"是什么"的技术理性研究、"偏好什么"的经济偏好研究、"应该怎样"的政治规范研究。以系统方法论对项目制进行要素提取的实质是在寻求经济可行、技术可行、政治可行三重约束下的最优解，即把政治意愿、政策导向和客观可行性结合，构建整合的项目框架体系。在项目框架体系构建整合过程中，首先需要在项目嵌入目标基础上，依据区域经济发展动力转换场域特点设计系统框架化的目标体系，保证项目嵌入能够覆盖区域经济发展动力转换中矛盾和问题的关键点，从而通过"撬动"与"重构"转换场域中的利益博弈关系达成转换目标。其次，需要以系统方法论为基础对嵌入区域经济发展动力转换中的项目需求进行要素提取，并着重摸清要素间的联系与制约，形成经济可行、技术可行、政治可行的项目要素供给体系。

（三）以顶层设计防范"内卷"与"共谋"

1.区域经济发展动力转换中的"内卷"与"共谋"界定

项目制嵌入区域经济发展动力场域容易产生"内卷"与"共谋"的实

践困境，应该加强顶层设计来防止这种策略性行为。

（1）内卷指区域经济发展动力转换的制度与组织架构在一个发展阶段达成某种确定的均衡后，投入资源的边际效应呈现下降趋势却无法突破现有框架进入新的发展阶段。区域经济发展动力转换的内卷问题是由于现有制度框架的框定致使要素投入的空间恒定，只能依靠复杂的设计消释要素的持续投入从而形成空间安排的多样性。内卷化即这种在恒定空间中要素的持续投入产生的过密化使要素的边际收益递减的现象。近年来区域经济发展动力转换虽然在资源投入上有所增加，但却在转换质量及结构方面面临内卷化倾向，突出表现为技术存在渐进的复杂性、多样化改进，但质量的评价却出现与资源投入的明显背离；由于受路径锁定影响，改进主要依靠资源的投入与技术的改进，缺乏指导价值观及流程的系统再造过程。

（2）项目制嵌入区域经济发展动力转换的"共谋"第一突出表现为动力转换过程中的"目标替代"与共谋资源分配的垄断。区域经济发展动力转换的"目标替代"即区域经济发展动力转换主体以自身利益实现目标替代动力转换目标。"目标替代"的产生原因有两种：一是组织成员在实际运行过程中由于体系内激励机制不相容而背离其原定目标转向追求实现自身利益的目标；处于科层等级组织体系中的个体在长期组织生存中演化成为以任务链条中的任务达成为目标而非致力于实现组织设定目标的"零部件"。

第二表现为非正式组织"共谋"资源分配的垄断。区域经济发展动力转换内部在科层等级制外存在非正式组织的"共谋"。在区域经济发展动力转换内部组织成员之间不仅具有职位设置所规定的组织架构关系，还并存着基于人际交往的非正式关系。区域经济发展动力转换内部正规组织体系之外的各种社会关系为非正式组织的存在与持续提供了连接的基础构件，特别是中国文化中独特的差序格局关系处理的思维模式也容易在资源分配中形成"亲亲"的资源分配顺序，即形成差序格局的资源分配顺序，而不是追求效率的资源配置机制。

2. 区域经济发展动力转换的"内卷""共谋"困境破解

波兰经济学家 Kolodko 在观察多个改革样本后得出结论，成功的改革必须至少同时满足四个条件：第一，场域内权威及成员具有改革的意愿并在成本收益计算后愿意承担改革风险与成本；第二，改革者必须进行改革的目标结构设定并予以实施；第三，现有的经验总结及理论成果能够为新制度嵌入提供方案选择；第四，可动员资源足以支撑变革启动与持续。我们称之为 Kolodko 命题。在区域经济发展动力转换改善的问题情境中，Kolodko 所谓的四个条件可以重新组合为区域经济发展动力转换的改善以相应资源供给跟进形成从战略目标落地为实践可行的动态绩效管理体系。

破解区域经济发展动力转换"内卷"与"共谋"的途径之一就是采用目标与资源衔接的动态绩效管理体系。这种动态绩效管理体系之所以能够破解"内卷"与"共谋"就在于其以"资源跟着项目走"的资源配置实现了目标提升与资源的衔接；以有效的绩效反馈结构动态化调整资源流向，打破"共谋"的利益锁定。

（1）资源匹配的前提在于对绩效的预先评估。目标与资源衔接的动态绩效管理体系预先评估区域经济发展动力转换提升结果并将目标倒推为一系列程序设置及目标运作流程。传统的绩效管理体系按照绩效的产生顺序进行评估，无法进行资源流向效率的预估，其动态性和指向性都存在不足。而目标与资源衔接的动态绩效管理体系能够通过逻辑推理分析根据目标定义最终结果的时候需要考虑哪些因素将影响服务效率、效果及公众感知质量。

（2）绩效驱动因素提取。目标与资源衔接的动态绩效管理体系通过分析哪些绩效驱动因素能够实现最终结果的分析来确定资源的投向。主要是通过以下几点：第一，管理层面的常规性情境分析。主要是通过层级间的战略到目标的实施反馈分析过往数据与关键变量之间的相关性。特别是通过区域经济发展动力转换内部经常性的分析目标设定与执行的流程评价找出关键绩效驱动因素。第二，关注区域经济发展动力转换中的异常现象。这是因为流程反馈或数据分析是建立在历时性数据的基础上，所以这种分析具有极大的局限性，需要积累数据和证据才能获取具有统计意义的结论。因此，战略学习系统仍需要使用小道消息或逸事等细微或孤立的事件来提供质量偏差的早期指标。通过区域经济发展动力转换行动方案的集中广泛研讨可以促进目标调整，有助于理解如何在关键驱动因素设置分目标，从而部署可用资源以控制偏差，取得预期目标。

（3）战略资源确定。分析为实现中间结果必须部署的资源在获得系统的绩效驱动因素后，决策者应确定为了实现这些输出而必须部署的资源，提出目标与资源衔接的动态绩效管理体系。该体系提供了一种系统的视角，每个绩效驱动指标都显示了关联战略资源的部署如何影响系统中其他所有相互依赖的资源。因此，与质量提升的绩效驱动因素相关分析可以使战略资源所跟随项目走的路径显性化。

（4）利益相关者识别。利益相关者的识别主要是通过扫描拥有、控制资源或对资源有强大影响力的本地参与者网络。在动态绩效管理技术框架中来理解参与者网络，网络由那些能够影响或控制战略资源的参与者组成，网络识别系统的资源和控制它们的相关参与者并有计划地协调促进参与者的行动，从而更有利于内部质量服务提升目标的实现。注意动态绩效管理体系中利益相关者的识别来确定利益相关者、决策者和规划者对社会组织的服务进行初步诊断，可以作为区域经济发展动力转换购买或提供的规划基础。此外动态绩效管理技术可以确保发现利益相关者对于区域经济发展动力转换的可持续提供的需要，并在此基础上进行资源的改善。

参考文献

[1] 柳卸林,高雨辰,丁雪辰.寻找创新驱动发展的新理论思维——基于新熊彼特增长理论的思考[J].管理世界,2017(12):8-19.

[2] 吴静.环境规制能否促进工业"创造性破坏"——新熊彼特主义的理论视角[J].财经科学,2018(5):67-78.

[3] 贾理群,刘旭,汪应洛.新熊彼特主义学派关于技术创新理论的研究进展[J].中国科技论坛,1995(5):38-41.

[4] 李琳,袁灵.产业集群中的知识流动与创新机制研究述评[J].社会科学家,2004(5):80-84.

[5] 徐承红.新熊彼特主义区域经济理论研究进展[J].经济学动态,2012(7):143-151.

[6] 张志会.对熊彼特创新理论复兴的述评[J].理论界,2009(10):80-82.

[7] 宋宗宏,叶初升.技术创新与经济发展关系研究新进展[J].经济学动态,2009(4):97-102.

[8] 姬超.经济增长理论的要素供给及其政治经济学批判[J].经济问题探索,2017(1):149-162.

[9] 王宁宁.熊彼特创新理论对我国区域经济发展的启示——以兰州新区为例[J].中国商论,2019(18):199-201.

[10] 杨虎涛.社会—政治范式与技术—经济范式的耦合分析——兼论数字经济时代的社会—政治范式[J].经济纵横,2020(11):1-11,136.

[11] 刘本玲.国家经济可持续发展的动力——技术创新与制度创新[C]//中国行政管理学会."构建和谐社会与深化行政管理体制改革"研讨会暨中国行政管理学会2007年年会论文集.中国行政管理学会,2007:5.

[12] 张成福,李昊城,边晓慧.跨域治理:模式、机制与困境[J].中国行政管理,2012(3):102-109.

[13] 蒋辉.跨域治理决策的动态演化路径与均衡策略研究——理论与现实层面的考察[J].四川大学学报(哲学社会科学版),2012(6):151-157.

[14] 马学广,王爱民,闫小培.从行政分权到跨域治理:我国地方政府治理方式变革

研究 [J].地理与地理信息科学 ,2008(1):49-55.

[15] 严强 .公共行政的府际关系研究 [J].江海学刊 ,2008(5):93-99,238-239.

[16] 丁煌 ,叶汉雄 .论跨域治理多元主体间伙伴关系的构建 [J].南京社会科学 ,2013(1):63-70.

[17] 王鹏 .跨域治理视角下地方政府间关系及其协调路径研究 [J].贵州社会科学 ,2013(2):142-147.

[18] 曹海军 ,张毅 .统筹区域发展视域下的跨域治理：缘起、理论架构与模式比较 [J].探索 ,2013(1):76-80.

[19] 陈灿 .我国跨域治理中的地方政府合作机制研究 [D].开封：河南大学 ,2013.

[20] 曹堂哲 .政府跨域治理的缘起、系统属性和协同评价 [J].经济社会体制比较 ,2013(5):117-127.

[21] 王佃利 ,史越 .跨域治理理论在中国区域管理中的应用——以山东半岛城市群发展为例 [J].东岳论丛 ,2013,34(10):113-116.

[22] 张文江 .府际关系的理顺与跨域治理的实现 [J].云南社会科学 ,2011(3):10-13.

[23] 刘涛 ,韩轩 ,蒋辉 .跨域治理理论比较与启示 [J].资源开发与市场 ,2011,27(9):827-830.

[24] 汪伟全 .空气污染跨域治理中的利益协调研究 [J].南京社会科学 ,2016(4):79-84,112.

[25] 田恒 ,唐贤兴 .论政府间的政策能力 [J].晋阳学刊 ,2016(5):106-116.

[26] 武俊伟 ,孙柏瑛 .我国跨域治理研究：生成逻辑、机制及路径 [J].行政论坛 ,2019,26(1):65-72.

[27] 周伟 .地方政府间跨域治理碎片化：问题、根源与解决路径 [J].行政论坛 ,2018,25(1):74-80.

[28] 张丽莉 .跨域治理：京津冀社会管理协同发展的新趋势 [J].河北学刊 ,2018,38(2):163-168.

[29] 王一 .从地区竞争到区域协作——区域治理研究述评 [J].陕西行政学院学报 ,2014,28(1):46-50.

[30] 王佃利 ,杨妮 .跨域治理在区域发展中的适用性及局限 [J].南开学报（哲学社会科学版）,2014(2):103-109.

[31] 曹堂哲 .政府跨域治理协同分析模型 [J].中共浙江省委党校学报 ,2015,31(2):33-39.

[32] 申剑敏,朱春奎.跨域治理的概念谱系与研究模型[J].北京行政学院学报,2015(4):38-43.

[33] 朱春奎,申剑敏.地方政府跨域治理的 ISGPO 模型[J].南开学报(哲学社会科学版),2015(6):49-56.

[34] 托马斯·库恩.科学革命的结构(第四版)[M].金吾伦,胡新和,译.北京:北京大学出版社,2012.

[35] CHARI A ,HENRY P B. Learning from the doers: developing country lessons for advanced economy growth[J]. The American economic review,2014,104(5): 260-265.

[36] CHOW G C,LI K W. China's economic growth: 1952-2010[J].Economic development and cultural change ,2002,51(1): 247-256.

[37] NATARAJ S, CHARI R , RICHARDSON A ,et al. Links between air quality and economic growth [M]. California: RAND Corporation,1988.

[38] Benner C,Pastor M. Equity, growth, and community: what the nation can learn from America's metro areas[M]. California: University of California press,2019.

[39] 陈志武,张曙光,周天勇,等.转变发展方式——寻找增长新动能[J].财经界,2011(3):88-92.

[40] 刘凤良,章潇萌.中国经济增长进程中的动能切换与结构转型[J].中国人民大学学报,2016,30(5):2-11.

[41] 杨晨,原小能.中国生产性服务业增长的动力源泉——基于动能解构视角的研究[J].财贸经济,2019,40(5):127-142.

[42] 董彦龄.全面深刻把握新旧动能转换的内涵[J].科学与管理,2018,38(1):48-49.

[43] 白利寅.新旧动能转换的法政策学分析[J].法学论坛,2018,33(3):109-119.

[44] 叶海尔·德罗尔.逆境中的政策制定[M].王满传,尹宝虎,张萍,译.上海:上海远东出版社,1996.

[45] 尤金·巴达克.政策分析八步法[M].谢明、肖燕,刘玮,译.北京:中国人民大学出版社,2020.

[46] 薛澜,赵静.转型期公共政策过程的适应性改革及局限[J].中国社会科学,2017(9):45.

[47] 薄一波.若干重大决策与事件的回顾（下）[M].北京：中共中央党校出版社，1993.

[48] 窦玉鹏.新中国70年政策试点的历史演进、经验总结与未来展望[J].山东行政学院学报,2019 (5):45-49.

[49] 亨利·明茨伯格，布鲁斯·阿尔斯特兰德，约瑟夫·兰佩尔.战略历程：穿越战略管理旷野的指南[M].魏江，译.北京：机械工业出版社.2019(1):10.

[50] 亚历山大·汉密尔顿，约翰·杰伊，詹姆斯·麦迪逊.联邦党人文集[M].北京：商务印书馆，2009.

[51] 谭江涛，蔡晶晶，张铭.开放性公共池塘资源的多中心治理变革研究——以中国第一包江案的楠溪江为例[J].公共管理学报,2018,15(3):102-116,158-159.

[52] 姜殿玉，邵亚斌，朱晓阳，等.一种公理化负智猪博弈与相关环境控制的定量问题研究[J].系统工程,2016,34(10):64-67

[53] OLSON M. The logic of collective action: public goods and the theory of groups [M]. Cambridge, Mass: Harvard University Press, 1980.

[54] 埃莉诺·奥斯特罗姆.公共事务的治理之道[M].倪卫国，邱红，译.上海：上海三联书店，2020.

[55] 窦玉鹏.新中国70年政策试点的历史演进、经验总结与未来展望[J].山东行政学院学报,2019(5):45-49.

[56] 蒋永穆，周宇晗，鲜阳红.国内区域经济合作演进70年：历史进程、演进动力与基本经验[J].福建师范大学学报（哲学社会科学版),2019(5):27-34，168.

[57] 杨宏山，石晋昕.从一体化走向协同治理：京津冀区域发展的政策变迁[J].上海行政学院学报,2018,19(1):65-71.

[58] 胡鞍钢，姜佳莹，郎晓娟.国家五年规划战略设计的公共政策分析[J].北京交通大学学报（社会科学版),2016,15(4):1-9.

[59] 鄢一龙，吕捷，胡鞍钢.整体知识与公共事务治理：理解市场经济条件下的五年规划[J].管理世界,2014(12):70-78.

[60] 蔡岚.缓解地方政府合作困境的合作治理框架构想——以长株潭公交一体化为例[J].公共管理学报,2010,7(04):31-38,123-124.

[61] 窦玉鹏.乡村振兴战略背景下的乡约治理重构研究[J].改革与开放,2018(11):76-77.

[62] 鲁传一,李子奈.企业家精神与经济增长理论[J].清华大学学报(哲学社会科学版),2000(3):42-49.

[63] 胡炳志.罗默的内生经济增长理论述评[J].经济学动态,1996(5):60-63.

[64] BLACKMAN D,WEST D,D'FLYNN J, et al. performance management: creating high performance, not high anxiety[M]//WANNA J,LEE H A,YATES S Managing under austerity, delivering under pressure: performance and productivity in public service Canberra: ANU Press, 2015.

[65] Gibbons R,ROBERT R S. Formal measures in informal management: can a balanced scorecard change a culture?[J].American economic review, 2015,105(5):447-451.